読むだけで幸せになれる

運を引き寄せる生き方

云

土

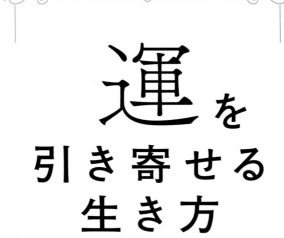

読むだけで幸せになれる

運を引き寄せる生き方

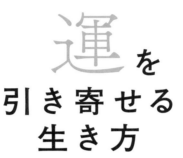

読むだけで幸せになれる
運を引き寄せる生き方

もくじ

第1章

運に目覚めるために知っておきたい話

第2章

幸せになるためにちょっとだけ自分を見つめなおす

第3章

人生の目的について考えてみる

一瞬を楽しんで生きればそれでいい

第4章

自分をもっと解放する「自由」への道

第5章

運と縁を呼び寄せる「命」の使い方

第1章

運に目覚めるために知っておきたい話

運の善し悪しは己の努力の結果ではない

起業家でもスポーツ選手でも、大活躍している人にその成功の秘訣を問うと、「運が良かっただけです」という答えが返ってくることがよくあります。

「私は周りの人に恵まれましたから」

「ちょうど世の中の流れに乗っただけですよ」

このように、己の努力の結果ではなく、単純に運の善し悪しで今の自分があると考えている人が多いのです。

休みなく働いて億単位の成功報酬を得ているような人たちだって、「すべて自分が頑張ったからです」なんてけっして言いません。単に謙遜しているのではなく、どうやら彼らは、本気で運が良かったのだと思っているようです。

さて、これを聞いて、あなたはどう思うでしょう。

「だから、この世の中は不公平なのよね」と不満を募らせるでしょうか。今のあなたが、頑張っているにもかかわらずうまくいかないのは運が悪いからだと。

そして、運が良かったという成功者たちに対してちょっと嫉妬して、悔しい気持ちにすらなるかもしれませんね。

それも当然です。だって、誰だって運良くありたいのですから。


では、運ってなんでしょう。

地球上に何十億という人たちの上に、天から落ちてくるものでしょうか。

たとえば、一〇〇ヘクタールに一滴ずつ落ちてきて、その一滴が当たった人は運が良いし、逆に、当たらなかった大多数の人はがっかりする、というように。

もし、あなたが運というものについて、そんなふうに考えているならば、いつまでも「運の悪い人」で終わってしまいます。


実は、運はみんなが持っています。

天から落ちてくるのではなく、生まれた時点ですべての人の中にたたみ込まれているのです。

しかも、最高の状態で存在します。

ただ、ほとんどの人はそれに気づかないままなのです。

知らないから生かしようもなく、「私は運が悪い」と思い込んでいるだけなのです。


言い方を変えましょう。

たしかに、この世の中には、運が良い人と悪い人がいます。しかし、それは偶然の賜ではありません。同じように最高に恵まれた状態にありながら、それぞれ本人が、勝手に自分の運について決めているだけです。

人もうらやむような成功者たちは、「自分は運が良い」と決めただけなんです。

つまり、あなたは今日から簡単に「運の良い人」に変身できます。

その方法について、これから一緒につまびらかにしていきましょう。

「ツイてない」と思う人にツキは来ない

「なんだか損してばかり」

「うまくいかないな」

　こんな思いを抱えてため息をついている人が、今この瞬間も日本中にたくさんいることでしょう。どうも世の中は、「ツイてる！」と喜んでいる人よりも、「ツイてない……」と嘆いている人のほうが、圧倒的に多いようなのです。

　たとえば、「若い頃から目立つ友人の引き立て役ばかりしていた」とか、「会社で希望の部署に配属されなかった」とか、「自慢話が多いママ友にうんざりしている」とか、「成績が伸びない子どもにイライラしている」とか。それは裏を返せば、こういうことですよね。

地味な見た目でなければちやほやしてもらえたのに。
この部署でなければいきいき働けたはず。
私だってゴージャスな暮らしがしたかったのに。
本当はもっと優秀な子どもに育ってくれたはず。

あなたも、こうした「〜のに」や「〜はず」に囚われている一人かもしれません。この言葉、つい口にしてしまいがちですが、私は封印しています。なぜなら、それだけで運も縁も逃げてしまうから。「〜のに」や「〜はず」は、「最凶」とも言える自己否定用語なのです。

とはいえ、あちこちから反論も聞こえてきそうです。「だって、しかたないじゃない。実際にツイてないんだから。愚痴くらいこぼしたくなりますよ」と。

では、ここで私と一緒に考えてみましょう。あなたがツイてないって本当でしょうか。そんなあなたについて、ちょっと図解してみましょう。

そう。**今の自分を「ツイてない」「運が悪い」などと感じてしまうのは、理想と現実のギャップがあるから**。その「差」によって不足感が生まれているのです。

自分を取り巻くさまざまな環境について、誰でもその人なりの現実があります。一方では、「もっとこうであったら」という理想があります。その現実と理想の差が大きければ大きいほど、不足感が強くなる。つ

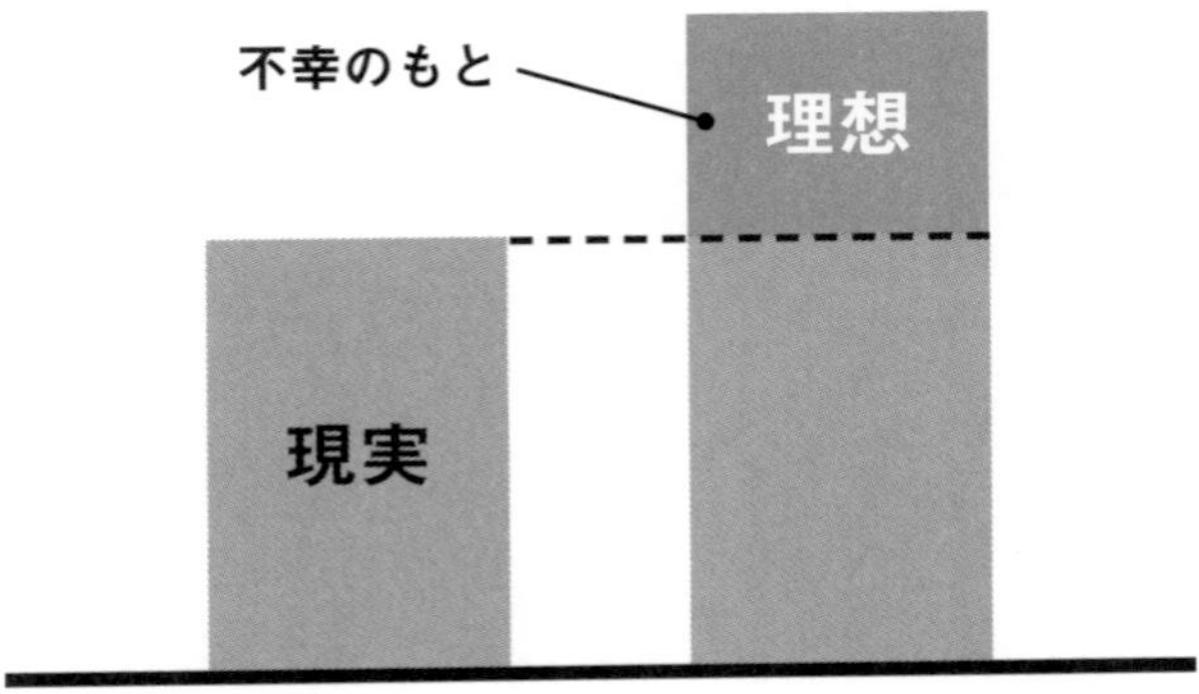

現実と理想の差が大きければ大きいほど
不足感が大きくなり、苦しくなっていく。

まり「ツイてない」という思いも募るわけです。

たとえば、今のあなたの家庭の収入が、年間四〇〇万円だったとしましょう。そのときに、「でも、本当は五〇〇万円は欲しい。あと一〇〇万円増えたらすごく嬉しい」と考えること自体は、ちっとも悪くありません。それによって、頑張るためのモチベーションにもなるでしょう。

ただ、多くの場合、そこでおかしなスイッチが入ってしまいます。

本当は、四〇〇万円でとても幸せに暮らしているはずなのに、その幸せが見えなくなってしまう。それどころか、「五〇〇万円ないから、自分たちは不幸せなのだ」と思い込んでしまうのです。

このスイッチが入ってしまうと、終わりがありません。実際に五〇〇万円になっても、そこで満足できず、今度は「いや、一〇〇〇万円欲しい」となります。

すると、最初は一〇〇万円だった現実と理想の差が、次には五〇〇万円と広がってしまいます。多く稼げるようになったはずなのに、かえって不足感は大きくなってしまうのです。

こうした不足感は全部、理想という名の「幻想（イリュージョン）」がつくっています。現実を受け入れていれば生まれることのない不足感を、自分の幻想でつくりだし、苦しんでいる。そんなバカらしさに、一刻も早く気づきましょう。

仏教で言うところの「悟り」は、実は「差を取る」から来ています。要するに、ありもしない空想世界の理想などというものを捨て、現実との差を縮めていくことが悟りなのです。

ありもしない空想の世界の境地にたどり着くことが悟りではないんです。

「そうだ、今の自分が最高に幸せなんだ」
「これ以上、望むことなんてなにもないんだ」

こうして現実を受け入れることで、あらゆる不平不満から解放されます。すると、とたんに運も向上するのです。

先の例で言えば、四〇〇万円の家庭の収入を現実として、おかしなギャップを自分たちでつくりだすことなく精一杯人生を楽しんでいたら、いい仕事もできて結果的に五〇〇万円になるかもしれません。そして、それをとても幸せなことだと受け止めて、現実の日々を大切に生きていれば、自ずと、さらなるいいことが起きるでしょう。

運も含めて、私たちが自身の向上について考えるときに大事にしなければいけないのは、それが現実の積み重ねであるということです。先ほどの図で言えば、現実の部分がもりもり持ち上がっていくことが真の成長です。勝手に理想を掲げて、その空白を埋めようとあがくことではありません。

「もの足りない」と思い込むから「ツイてない」と感じるだけ

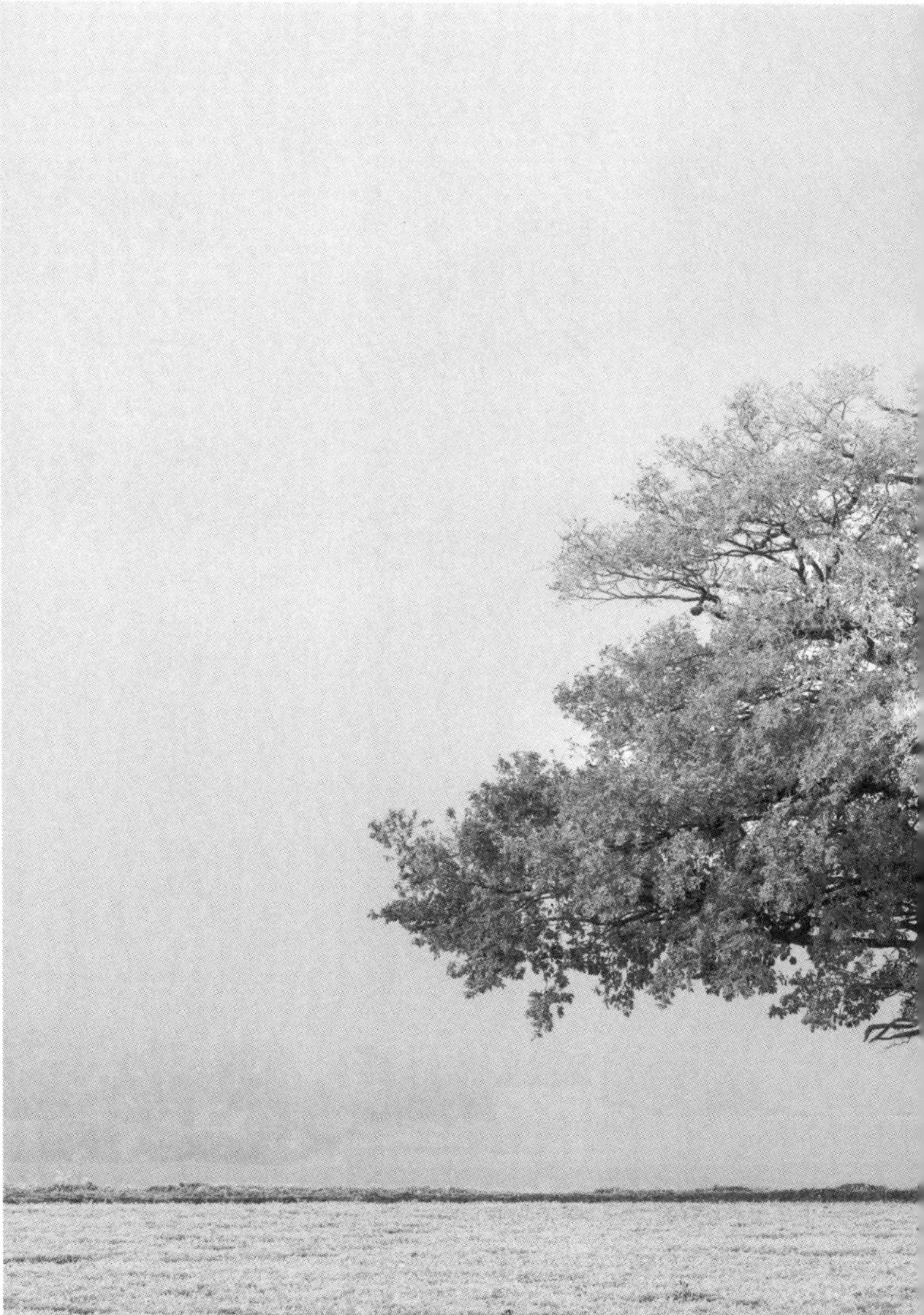

人はみんな、「広い宇宙の一構成要素」にすぎない

本書を通して、なんとしても伝えておきたいことがあります。それは、あなたは最高の運に恵まれた存在だということです。

考えてもみてください。今、あなたがあなたとしてこの世に存在していることが、どれほどすごいことなのか。

一人の人間がこの世に生まれてくる確率について計算し、ネットで拡散されている情報によれば、一組の男女の遺伝子の組み合わせは七〇兆もあるそうです。つまり、あなたならではの外見や内面を持った「あなた」という人間は、七〇兆分の一の確率で誕生したわけです。

七〇兆分の一とは、言い換えれば〇・〇〇〇〇〇〇〇〇〇〇〇〇一三四パーセント。

一億円の宝くじを一〇〇万回連続で当てるのと同じ確率なんだそうです。そんな確率を見事に突破して、今のあなたがいるのです。これって、信じがたいほど素晴らしいことではありませんか。

それにもかかわらずあなたは、「私なんて、なんの取り柄もないし……」などと自分を低く評価したことがあるでしょう。しかし、あなたは自分が考えているような小さな存在ではないのです。

たとえばあなたは、二人の子どもを育てる専業主婦で、埼玉県の賃貸マンションに住んでいるかもしれません。あるいは、事情があって地元の九州に帰り、今はアパートで一人暮らしをしているかもしれません。このように、誰にでも人それぞれの「属性」はあります。

ただ、そうした属性以前に、あなたも私もみんな「宇宙の構成要素」として、七〇兆分の一の確率で選ばれてこの世にいます。

忘れてはいけないのは、地球は宇宙の一部に過ぎないということ。**私たちは、地球人である前に宇宙の構成要素で、宇宙のシナリオによって生かされているのです。**

このことを私に教えてくれたのは、母方の祖父でした。

祖父は、多田等観《ただとうかん》という名の、チベットで修行を積んだ仏教学者です。もともと浄土真宗本願寺派の僧侶であった祖父は、明治時代の終わり頃、京都の西本願寺でダライ・ラマ一三世が日本に派遣した三人のチベット僧の世話役を担っていました。おかげでチベット語も習得しました。

しかし、中国で辛亥革命《しんがいかくめい》が起きると、三人の僧にチベットへの帰還命令が下されました。その三人の僧に付き添ってインドまで渡った祖父は、そこで亡命していたダライ・ラマ一三世への謁見《えっけん》が叶いました。それどころか、「トゥプテン・ゲンツェン」という名前と、チベットへの入国許可を貰えたのです。

時代は大正になっていましたが、当時のチベットは秘密のベールに隠された国であり、たどり着くまでには命を失いかねない危機もあったようです。

しかし、祖父は裸足でヒマラヤを超えてチベットに渡り、ダライ・ラマ一三世に厚い信頼を寄せられ、多くの教えを与えられました。そして、チベットでの一〇年間の修行を終え、二万点を超える経典を携えて日本に帰ってきたのです。

帰国してからはチベット仏教の学者として、さまざまな大学や教育機関で教鞭を執り、一般的な僧侶とは異なる一生を終えました。

このように大きな仕事をなしえた祖父でしたが、私にとっては優しいおじいちゃんでした。祖父にとって私が一番早くの孫であったためか、ときどき我が家へ遊びに来ては、いろいろ話をしてくれました。小学校四年生になるまで続いた、そうした祖父との時間が今の私をつくっていることに間違いはありません。

祖父の言葉の中で、最も強く蘇ってくるのがこれです。

「すべては予定通り。宇宙のシナリオに乗っていけ」

人はみんな宇宙のシナリオを持って生まれてきており、すべてはその通りに運んでいる。だから、ジタバタすることなくシナリオに任せて流れに乗っていれば大丈夫だというのです。

子どもの頃は、なにを言っているのか理解できませんでしたが、年齢を重ねた今ではとてもよくわかります。


私たち人間は、つい、宇宙のシナリオの真逆とも言うべき**「エゴのシナリオ」**で日々を過ごしてしまいます。「自分がこうしたい」という我欲にまみれて行動し、うまくいかなければ、イライラしたり不満を感じたりします。

たとえば、北海道旅行をするために羽田空港まで行ったら、機体にトラブルが生じて三時間以上も遅れることになったとしましょう。これも、宇宙のシナリオではすでに決まっていたことです。だから、それに従って悠々と待てばいいのです。

なんなら、レストランで美味しいものを食べて待っても、デッキに上がって連絡をとっていない友人に久しぶりに電話をしたり、メールをしてみる貴重な時間としてもいいでしょう。

ところが、エゴのシナリオに突き動かされている人は、もう大変です。

「ふざけるな。二か月も前から予定していたのに」
「今日の昼には、予約していた札幌の店で食事ができたはず」

こうして、自ら苦しみを増やしています。

実は、**「〜のに」「〜はず」という不満だらけの負の感情は、宇宙のシナリオに沿っていれば生じません**。勝手にエゴのシナリオで決めておいて、それが叶わなかったから出てくるだけなのです。

あなたにはあなたの、最高の宇宙のシナリオが用意されています。だから、なにが起きても全然ＯＫ。宇宙のシナリオ通りなんだと思って、気楽にのんびりいきましょう。

「エゴのシナリオ」は「宇宙のシナリオ」に勝てるはずがない

幻想は「個人のエゴ」から生まれている

ＩＴ関係の仕事で、億単位の年収を得ている優秀な青年がいます。まだ二〇代後半なのに、都心の高級マンションに暮らす、世に言う「成功者」です。普通に考えると幸せそうですよね。「うらやましい」と思った人も多いでしょう。

ところが、彼は大きな不満を抱えています。たくさん稼いでいれば納める税金が高く、そのことでいつもイライラしているのです。実際に、日本を脱出して税金が安い地域に移住しようと考えています。

具体的には、ルクセンブルク、モナコ、ケイマン諸島、バージン諸島など、「租税回避地」「低課税地域」と呼ばれる地域を検討しているようです。こうしたところは、

「タックス・ヘイブン（Tax Haven）」とも称され、一部の富裕層が世界中から集まっています。

彼も、そんな「税の天国」に行けば、自分は幸せになれると考えているのでしょう。はたして、本当にそうなるでしょうか。たぶん、無理です。なぜなら、彼はエゴの塊だからです。

先に私は、不足感は現実と理想の差によって生じると述べました。「理想」というと耳障りがいいですが、結局のところ「エゴ」に過ぎません。理想は、エゴが描き出した幻想（イリュージョン）にすぎないのです。

たくさん稼いで人もうらやむ暮らしをしていながら、「税金を払いたくない」という究極のエゴに突き動かされている彼が、どこかの段階で満足できるとはとても思えません。高い税金から解放されたら、また別のエゴによる幻想をつくりだすことでしょう。

彼とは別のある成功者は、若い頃からポルシェに乗るのが夢でした。そして、四〇代でようやくそれが叶ったのに、嬉しい気持ちでいられたのはたった数週間だったそうです。

納品されて間もないポルシェで、彼は六本木、青山と、おしゃれな街を毎日のように走り回りました。憧れの表情で振り向いてくれる若者がいたりすると、ウキウキと嬉しい気持ちになりました。

ところが、あるとき、隣の車線にフェラーリが並んだ瞬間、ものすごくつまらない気持ちになってしまったというのです。「あれに乗ることができない俺は、幸せじゃない」と。

これでは、ポルシェに支払った二〇〇〇万円を超えるお金は、ドブに捨てたようなものです。「自分のお金だから、どう使おうと勝手だろう」と言われるかもしれませんが、私はここに大きなエゴの幻影を見ます。

彼は、フェラーリを手にしても、今度は「ランボルギーニを持っていない」と不満に思うでしょう。つまり、いつまで経っても幸せにはなれないのです。

こうした人たちを支配しているのは、多くの場合、「今に見ていろ」「見返してやる」などという心理です。

おそらく本人は世の中の人々に対して言っているつもりです。でも、実際には、そんなこと誰も気にしていないし聞いてもいません。みんなにスルーされているのに、むなしく吠えまくっているわけです。

専門的な話をすれば、「今に見ていろ」「見返してやる」は、幼少期に抱いた欠乏感や不足感から来ています。

たとえば、家が貧乏で欲しいものを買ってもらえなかった子どもは、お金をたくさん稼いでいる自分を理想とします。そして、「今に見ていろ」「見返してやる」と、自分を鼓舞します。

もちろん、それが悪いわけではありません。「今に見ていろ」「見返してやる」は、ときに前向きに生きるモチベーションにもなります。

子どもの頃に苦労した人が一生懸命に働いて人並みの暮らしができるようになり、「ああ、幸せだな」と思えたら素晴らしいことです。その人は、今現在の自分の現実を受け入れることができています。

ところが、**エゴが描く幻想の世界にいれば、せっかく経済的に豊かになって子どもの頃よりいい暮らしができるようになっても、「もっと、もっと」と満足ができず、ちっとも幸せを感じられないのです。**

必要ないのにモノを買っている人は、なにかココロの穴埋めがしたいから。つまりは自分自身への復讐なのです。

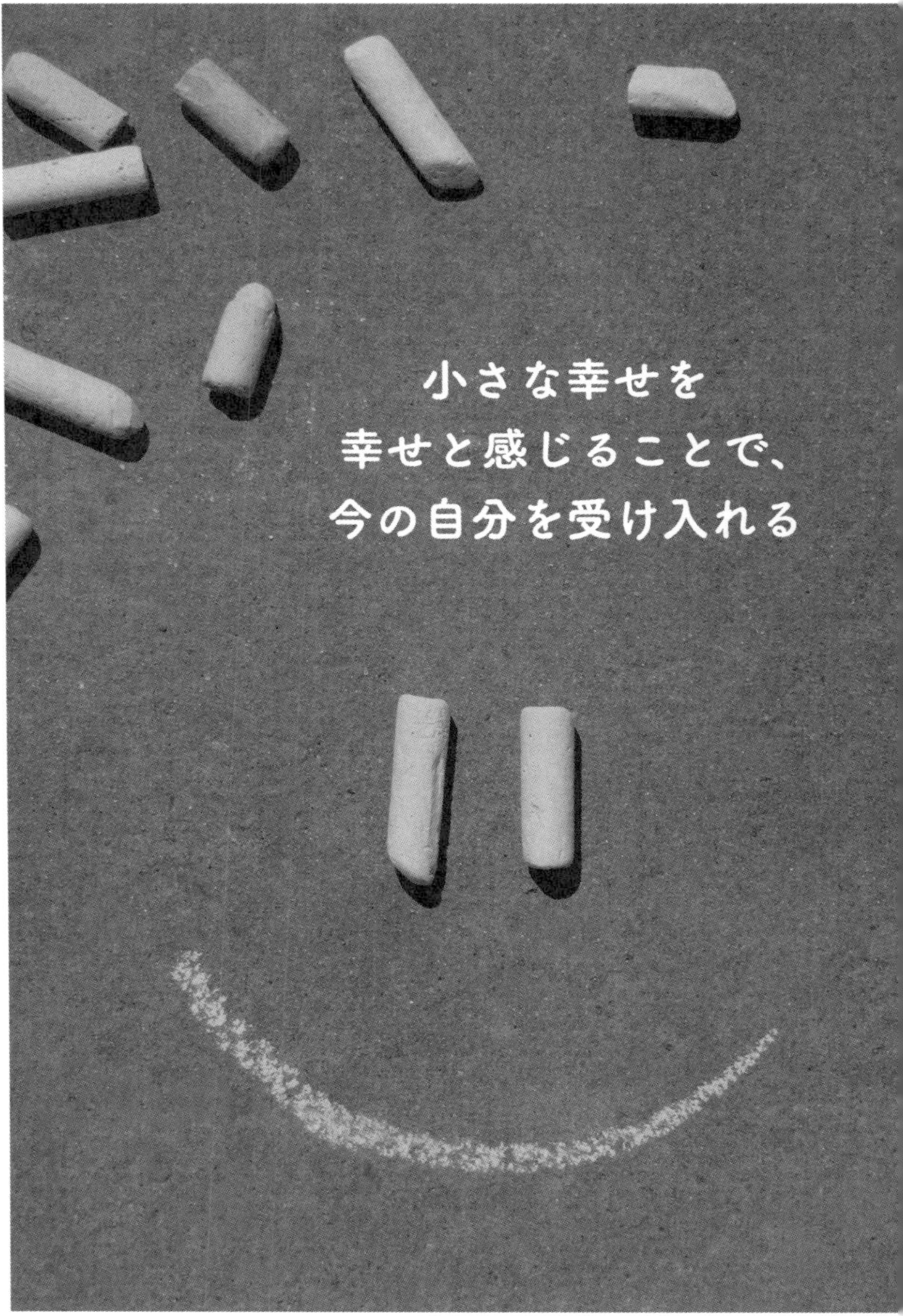
小さな幸せを
幸せと感じることで、
今の自分を受け入れる

「もっと上に」という理想ほどやっかいなものはない

幼少期の「欠乏感」は、理想という間違った幻想を育ててしまい、大人になってからさまざまな形で私たちを苦しめます。

子どもの頃、親の愛情に欠乏感を抱いて育ったことで、「理想の家庭像」を描いてしまう人もいます。こういう人は、勝手に自分が描いた理想の父親像、母親像、子ども像を周囲に押しつけ、自ら家庭を崩壊させてしまいます。

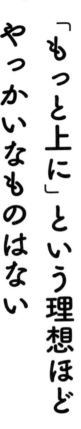

授かり物である命にすら「理想」を持ち出す人もいます。

以前、私と同じ町内会の住民で仲良くしていた一家の長女は、一〇代の頃から「とにかく早く結婚したい」と言っていました。その望みを抱いて一〇年以上経った頃、良縁に恵まれて結婚しました。

しばらくぶりに会ったとき、私が「幸せな結婚ができたみたいだね。良かったね」と祝福すると、あまり嬉しそうではありません。すぐにでも子宝に恵まれると思っていたのに、そうではなかったと焦っているようでした。

それから数年、つらい不妊治療を続け、ようやく男の子を授かりました。さぞかし喜んでいると思ったら、「もう一人欲しい」「女の子も欲しい」と新たな不足感を訴えているのです。

今の現実に目を向ければ、望み通りいい相手と結婚して健康な子どもを産むことができたのだから、これ以上ない幸せな状況に彼女は置かれています。

しかし、彼女の目は現実ではなく幻想に向かっています。「もっと、もっと」というエゴによって描いた幻想の世界では、きっと子どもは二人（それも男女）いるのでしょう。それを「理想」として、どんどん悟りから離れているわけです。

このように、「理想」とはやっかいなものなのです。

たしかに、家電や食品のテレビＣＭなどに登場する「家庭」は、多くが父親、母親、男の子、女の子で構成される四人家族だったりします。でも、それが「理想」だなんて、あまりにも単純です。一人ひとりの人生は、もっと深いもの。それぞれが、宇宙のシナリオによって用意された、最高の人生を生きています。

どのような状況であっても、現実のあなたこそが最高の存在です。それなのに、「もっと上に行かなくてはいけない」などと自らギャップをつくりだしていたら、せっかくの素晴らしいあなたが台無しになります。

エゴによる幻想の世界に迷い込んでいる人々は、本来であれば恵まれた日々を送れているはずなのに、それを自分で放棄しているのです。

大事なのはエゴのつくりだした幻想（イリュージョン）に惑わされることなく、「今・ココ・わたし」を大切に生きていくことなのです。

一人ひとりの人生は、すでに用意された最高のシナリオ

「一〇〇点満点」を常に求めてはいけない

大手企業に勤める二〇代の男性が、会社で憧れていた先輩女性の部屋で行われるお花見パーティに呼ばれました。参加者は、同じ部署の男女合わせて八名。その女性は、美味しい手料理でもてなしてくれました。

本当だったら、とても幸せな気分になるはずなのに、男性は、その先輩女性の口癖が気になって、途中から楽しめなくなったといいます。

先輩女性は、新しく料理を出してくれるたびに、「今日はあまりうまくできなかった」「ちょっと水の量を間違えちゃったみたい」「材料がいまいちのものしか手に入らなくて」などと、ネガティブなことを口にするのだそうです。

実際には、どの料理も抜群だっただけに、「本当の私はもっともっとできるんだけど」と言われているようで興ざめしてしまったということでした。


このように、どこか必ず「×」をつけたがる人っていますよね。

みんなが喜んで飲んでいるワインに、「でも、この年のブドウは不作でね」。

みんなが一生懸命応援している野球チームに、「もうちょっと、いい投手が増えれば面白くなるんだけどね」。

みんながゴージャスさに驚いているホテルに、「ニューヨークはこんなもんじゃないけどね」。

なにか、チクリと言わずにはいられないのですね。


こうした心理は、いったいどこから来るのでしょう。おそらく彼らは、**「満足しない自分がかっこいい」と思っているのでしょう**。「まだまだ上があるのに、そんなレベルで満足していられませんよ」というわけです。

しかし、実際のところはただの「幻想人間」。

本来、どんな状況であっても、それがそのときの現実で、一〇〇点満点です。料理が美味しくできたら一〇〇点。ちょっと味が濃くても一〇〇点。選んだワインが予想した味と違っていても一〇〇点。応援しているチームが負けても一〇〇点。ホテルのサービスがいまいちであっても一〇〇点。

なぜなら、私たちに起きている現実は、宇宙のシナリオによって決められており、いつも最高のものだからです。

そうした一〇〇点の状況を認めず、自分で不足をでっち上げて、「こんなの七〇点がいいところでしょう」と粋がっているのが幻想人間です。

何事につけ、不足をでっち上げている人は、運に恵まれません。

そのことを、大学受験を例に考えてみましょう。

第一希望、第二希望、滑り止め……と、たいていの人がいくつか受けますね。
第一志望に受かったAさん。
第二志望に受かったBさん。
滑り止めに受かったCさん。

この三人のうち、**誰が一番ラッキーかと言ったら、みんな同じです**。宇宙のシナリオで、一番相性がいいところに合格するようになっているからです。

でも、第一志望に受かったAさんは、それに気づかずに「僕が頑張ったからだ」と自分が人生を決定したつもりでいるかもしれません。だとしたら、ちょっとラッキー度は下がるでしょう。

一方で、滑り止めに受かったCさんが、「ああ、僕にぴったりの大学に合格できたんだ。ありがたい。ここで精一杯学ぼう」と思ったら、ラッキー度はどんどん上がるでしょう。

もし、第二希望に受かったBさんが、「僕が行きたかったのは〇〇大学だ。ここじやないんだ」という気持ちでいたら最悪です。**自分を歓迎してくれている大学、そこで出会う仲間、用意されたカリキュラム……などの素晴らしいご縁を、自ら踏み潰してしまっているからです。**

就職もそうですね。

採用してくれた会社がご縁のある会社なのに「○社に行きたかった」と考えていたら、そこでいい仕事はできないし、運も逃げてしまうでしょう。

さらには「配属ガチャ」「上司ガチャ」など、希望の会社に入ったのに不満因子を探し出す人もいます。

もちろん、すべて会社に従う必要なんてありません。自分が持っているスキルをまったく生かせない部署や、ひどいパワハラを行う上司からは離れましょう。

問題なのは、自分でありもしない「理想の職場」を心の中にでっち上げ、「あれが足りない、これが足りない」と不足感を募らせるケースです。

仕事とは、目の前にある現実の案件を一つひとつ片付けていくこと。「こんなこと、なんで俺がやらなければならないんだ」とか、「もっとレベルが高いことを手掛けたい」などというのは、エゴがつくりだした幻想にすぎないのです。

「理想を追う」だけの人生は、もったいない

どんなときでも「そうなんだ」とまずは言ってみる

私たち一人ひとりには最高のことしか起こっていないのですが、なかなか、それを信じてくれない人がいます。「だって、実際には損をすることやつらいことが起きているもの」と。

株を買ったとたんに値下がりした。
大事なプレゼンの日に台風が来て遅刻した。
お隣に気難しい人が引っ越してきた。

だから、「ちっとも最高じゃない。ツイてないことばかり」というわけです。

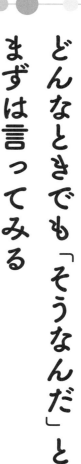

しかし、こうしたことも宇宙のシナリオで決められていたわけですから、そのまま受け止めればいいだけです。「こんなはずじゃない」とあらがってみても、株は上がらないし、台風は止められないし、お隣さんがいなくなるわけでもありません。あらがうだけだと、ますます荒いシナリオ（不運）に入っていきます。

実は、一見ネガティブな出来事を気持ちよく受け止め、本当に最高の運を引き寄せるためのマントラがあります。それは**「そうなんだ」の五文字です**。

ちなみに、マントラというのは、インドやチベットで古代から使われている、心を落ち着かせるために唱える短い言葉のことです。いわば、自分をアゲるための呪文とか、スローガンのようなものでしょうか。

株が下がってしまったら「そうなんだ」。

台風に直撃されたら「そうなんだ」。

お隣さんが気難しくても「そうなんだ」。

「そうなんだ」と、あるがままを受け止める。これですべてOKです。騙されたと思って口にしてみてください。本当に人生が変わりますから。

もう一〇年以上も前のことですが、私が乗っていた地下鉄がいきなり止まって動かなくなりました。どうやら、前を行く車両になにか不具合が起きたようです。

車内放送が流れたものの、「ただいま、前の車両の確認を行っています」「運転再開時間は未定です」と言うだけ。そう簡単には動きそうにありません。

とたんに、混雑していた車内がざわつき、ほとんどの人が押し合いへし合いしながら車両を出て、地上への階段を駈け上がっていきました。きっとタクシーに乗るのでしょうが、同じ行動を取る人が多いので奪い合いとなるのは目に見えています。

一方で、ホームに残り、駅員さんを捕まえて怒鳴っている人もいます。

「いつ動くんだよ。わからないじゃ済まないだろうが」

「なんとかしろよ。ほかの電車に振り替えされても間に合わないんだよ」

しかし、**いくら怒ってみたところで電車は動きません**。電車が動くのは、原因が見つかって、それが解決したときです。だから、その事実を受け入れて待つのが一番いいのです。あるいは、ほかの手段を探るにしても、周囲が落ち着いてから動いたほうが賢明です。

例によって私は、「そうなんだ」のマントラを口にして、ガラガラになった車両の座席に座っていました。

「そうなんだ、そうなんだ。では、どうしようかな～」

のんびりと見回していると、同じ車両のかなり離れたところに、なんだかキョロキョロして困惑している男性がいます。

「ああ、あの人も僕と同じようにタクシーはあきらめたんだな」とちょっとした親近感を持って眺めると、その横顔にどうも見覚えがあるのです。クラスメイトから「さんちゃん」と親しげに呼ばれていた高校時代の同級生にそっくりでした。

私は近づいて話しかけました。

「もしかして、さんちゃんじゃない？」

「え、もしかして佐藤？」

さんちゃんは、福島県庁で働いており、その日は仕事で東京に来たものの、慣れない地下鉄でアクシデントに遭遇し、どうしていいか途方に暮れていたようです。

幸いにも、必要な仕事は終わっていたようなので、私はさんちゃんをお茶に誘い、おしゃべりすることにしました。

さんちゃんは、県主催のイベントなどを担当しているとのことでした。そしてなんと、幸せな生き方や人付き合いなどについて講演をしてくれる人間を探しているところだというではありませんか。

私は、自分を指さし宣言しました。

「もう、探さなくていいよ。ここにいるから」
「え、佐藤はそういう仕事をしているの？」
「まさにそうだよ。ご縁だねえ」

実際に、その後、何度も福島県のイベントに呼んでもらいました。もちろん、それに応じたギャラもいただきました。イベントの帰りには、実家に寄って親孝行をし、ご先祖様のお墓参りもできました。

実家に泊まるからとホテル代を遠慮しようとすると、さんちゃんの上司である偉い人が「なんて謙虚な講師なんだ」と感激してくれました。そして、さらなる仕事を依頼してもくれました。

このように、さんちゃんは私に、たくさんのラッキーを運んでくれました。と同時に、さんちゃんもイベント担当者として高い評価を得ることができたようです。お互いに、最高にハッピーな展開となりました。

これも、**最強マントラ「そうなんだ」のおかげです**。

あのとき私が、我先にとタクシー乗り場に向かっていたら、さんちゃんとは会えなかったでしょう。もし、駅員さんを怒鳴り散らしていたりしたら、それを見たさんちゃんが講演会の仕事など回してくれるはずもありません。

ネガティブなことが起きたときほど、「そうなんだ」は効果的。この一言で、宇宙に溢れるツキをシャワーのようにあびてください。

あるがままをまずは受け止めることで、人生のシナリオは変わっていく

第2章

幸せになるためにちょっとだけ自分を見つめなおす

自分を幸せにするのは、自分しかいない

私たちは、一人で生まれて一人で死んでいくにもかかわらず、その人生の時間の大半を誰かと共有しようとします。そして、その関係性をとても気にします。

家族や友人と楽しく過ごしたいのはもちろんのこと、出かけた先で入ったコンビニの店員さんとだって、気持ちのいいやりとりをしたいと考えます。

一方で、ちょっとしたことでひどく傷ついたりします。

たとえば、マンションのエレベーターで乗り合わせた住人に、こちらが挨拶したのに無視されたというだけでも、嫌な気持ちになってしまいます。

もしかしたら、相手は考え事をしていて、こちらの挨拶に気づかなかっただけかもしれません。

あるいは、本当に無視するような人なら、そもそも親しくなんてする必要もないのだから、まったく気にすることなどないのに、気にしてしまうのです。


このように、私たちの「幸せ感」は、案外、自分以外の存在によって左右されてしまいます。

こちらがどんなに明るくしても、優しくしても、親切にしても……相手が同様でないと、幸せな感じがしないのですね。「私はこんなにあなたのことを思っているのに、どうしてわかってくれないの？」と。

でも、それって、かなりまずいことだと思いませんか？

だって、変えることなどできない他人に、自分の幸せを託しているのですから。

ここで、とても大事なことを確認しましょう。
あなたを最高に幸せにしてくれる人は誰でしょう。
それは、あなた以外にいません。
では、あなたをひどく不幸にしてしまう人は誰でしょう。
それもまた、あなた以外にはいないのです。

いわゆる「だめんずウォーカー」と呼ばれる人たちも、自分でその道を歩いているのであって、誰かに強要されたわけではありませんね。

恋愛も、仕事も、ご近所付き合いも……、あらゆる人間関係は「あなたという自分があってこそ」。

要するに、あなたの人生にとって、自分以外の存在は「おまけ」と考えてみましょう。そして、そのおまけは、本体にぴったりなものがついてきます。

あなたが幸せであれば、おまけも幸せ。
あなたが不幸であれば、おまけも不幸。

まずは、あなたが自分で幸せになる方法について考えてみましょう。

ほかの人と比較しても
なんの「ご縁」も生まれない

私が若い頃は「一億総中流」という言葉があったくらいですが、時代はすっかり変わりました。アメリカなどに比べれば緩やかではあるものの、日本も格差社会になってきました。

しかも、**ネットで「他者と比較する機会」が増えたことで、自分の置かれた状況に過剰に不満を募らせる人が相次いでいます**。

ある女性は、二〇〇万円を超える借金を親に返済してもらうことになり、それが原因で二歳年上の姉との関係が悪化しました。

彼女は、不動産業界で働く派遣社員でしたが、毎月の給料を超える金額の衣類を、カードのリボ払いで次々と買っていたのです。とはいえ、それらを身につけて職場に行きたかったわけではありません。すべては、フェイスブックに載せるためでした。

もともと彼女のフェイスブックは、ほとんど休眠状態に近かったのですが、あるとき高校時代の同級生A子ちゃんと久しぶりに連絡が取れ、お互いの記事をフォローし合うようになりました。

お金持ちの夫を持つA子ちゃんの記事は、とても華やかでした。ブランド品を身につけて高価なレストランに行ったり、海外旅行を楽しんだりと、彼女の日常とはあまりにもかけ離れたものでした。

同じ土俵では勝負にならないと思った彼女は、自分は働く女性であることをアピールすることにしました。ただ、派遣社員ではなく部下もいる総合職として、バリバリ働いているふうを装いたかったために、それらしい服装にすることが必要でした。特別に高価なブランド品でなくとも、スーツにシャツにパンプスに……と買い集めるうちに、いつの間にか支払いが膨らんでいたのです。

どうにもこうにも首が回らなくなって両親に助けを求めたとき、泣いて責める母親に対し、彼女は言ってはならない一言を口にしてしまいました。

「私だって、もっとお金持ちの家に生まれたら借金なんてしなくて済んだもん。そもそも、A子ちゃんみたいにいい家の息子との縁談だってあったかもしれないでしょ」

最近よく耳にするところの「親ガチャ」ですね。

親ガチャとは、一定金額を入れて「ガチャ」と回すと出てくるカプセルトイから生まれたスラングです。ガチャガチャは、出てくるまで中身がわからないことから、**自分では選べない状況を嘆くことに使われます**。つまり、「親は選べない」というわけです。

子どもたちのこの不満は、経済面に留まらず、育った環境や容姿などにも及んでいます。

たしかに、いくらモデルに憧れていても、身長やスタイルは親に似て「持って生まれたもの」が左右します。だから、「自分がモデルになれないのは、そういう親の下に生まれなかったからだ。ツイてない」と思ってしまうのかもしれません。

でも、それこそ、自分で自分をツイてない状況に追いやってしまう思考です。

単純に考えると、「裕福な人たちや見た目に恵まれた人たちは、一般的な人たちよりも幸せに生きているはずだ」と思えます。ところが、実際には案外そうでもないのです。

十分あるにもかかわらず「もっともっと」と求めたり、「失いたくない」と不安になったり、お金の管理で頭がいっぱいになっている、不自由な富裕層は多いのです。

あるいは、きれいな人に限って、たった一キロの体重増加や一つのシミに神経質になって、レジャーも楽しめずにいるではありませんか。

このように、**人にはそれぞれ、宇宙のシナリオに沿ったその人ならではの喜びも憂いもあるわけです**。

つまり、私たちは自分の命が輝く生き方をすればいいのであって、ほかの人との比較にはまったく意味がありません。

繰り返し述べますが、私たちの不足感は、理想と現実の差から生まれます。ほかの人と自分の差ではなく、あくまで自分が勝手に抱いた幻想と現実の差なのです。

「親ガチャ」「家ガチャ」の理屈は自分の幻想から生まれている

自己肯定感とはすなわち「自分は今のままで最高」

一日の多くの時間をネットに費やすのは、もっぱら若者たちの専売特許だと思っていたら、どうもそうではないようです。

私の知人の女性は、インスタグラムに趣味のキルトの写真を毎日のようにアップしています。最初はもっぱら、製作の参考に人の写真を見る側だったのが、自分でもいくつかの作品を載せてみたらフォローしてくれる人が次々現れて、あっという間にはまってしまったのだそうです。

ネットに慣れている人たちからすれば、たいしたフォロワー数ではありませんが、彼女にしてみたらすごいこと。

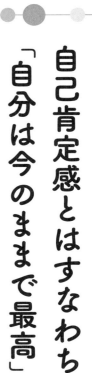

これまでずっと専業主婦として家事や子育てを頑張ってきたけれど、家族からたいした感謝の言葉も貰えなかった。新しくキルトをつくってリビングに飾っても、なんの関心も示してくれなかった。

そんな状態が当たり前だったのに、インスタでは会ったこともない人たちが、自分の作品を見て褒めてくれるのです。「私にもこんなに価値があったんだ」と、彼女が夢中になってしまうのもよくわかります。

私は、こうしたネットの力を認めています。私自身もネットを活用することで、さまざまなメッセージをより多くの人に届けることができています。

ただ、**使い方を間違えると運も逃げてしまうのが、ネットのこわいところです**。

今は過剰なまでに、フォロワーからの「いいね！」を欲しがる人が増えています。彼らは、一人でも多くの人から承認してもらうことが、自分の存在意義を高めることだと思っているようです。

でも、**あなたがあなたの人生を生きる上で一番大事なのは、あなた自身が自分で認**

めてあげること。これこそが真の自己肯定感であり、人から与えられるものではありません。

あなたが勝手につくりだしている理想という名の幻想と現実の差を埋めるのは、自らの気づきです。「そうだ、私はありのままの自分で最高なんだ」という気づき、すなわちそれこそが、真の自己肯定感なのです。

ところが、多くの人が、その差を人からの承認によって埋めようとします。「閲覧数が倍になった」とか「褒めて拡散してくれる人がいる」とか、他者の評価を材料として「私はすごい。理想に近づけた」と考えます。

しかし、**「いいね！」を押しているほうには、たいした思い入れはありません。**飽きればやめるし、なにか気に入らないことでもあれば、いきなり反対側に回ります。そのときに、それまでの自己評価はいともあっさりと地に落ちてしまいます。

だから、人が楽しく読んでくれることを喜ぶまではいいけれど、そこに必要以上の価値を見いだしたり、ましてや評価を渇望したりしてはいけないのです。
「ＳＮＳは自分の備忘録です」くらいに捉えましょう。

他者軸評価と自己軸評価は同じようでまったく違う

むしろ「多くの人から好かれなくていい」

ＳＮＳでいつもより少ない承認しか貰えないと、なんだか心がザワザワして気分が落ち着かないという人がいます。あるいは、ラインで既読スルーされると、ショックを受けてしまうという人も多いですね。

みんな、周囲から自分がどう扱われているかを気にしすぎている。嫌われていないか心配しすぎている。言い方を変えれば、「たくさんの人から好かれていないとマズい」と思い込んでいるのです。

でも、**本当は多くの人から好かれる必要なんてありません**。

今の二〇歳前後の若者たちに、人間関係を築く上で大事にしている基準はなにかと問うと、**「バイブス（vibes）」**という答えがかなりの確率で返ってきます。バイブスとは、ノリ、テンション、フィーリングなどその場の雰囲気を表す言葉で、バイブレーション（vibration）が語源です。

若者たちは、**一緒にいて「なんか居心地がいい」とか、「自然でいられる」とか、「無理しなくていいからラク」とか、そうした感覚を最優先に友人や仲間をつくり、そこで楽しく過ごしたいわけです**。

私は、これほど理にかなった考えはないと思っています。彼らは、自分と合わない人たちを排除しているのではなく、お互いの違いを認識し尊重し、いらぬ衝突を避けているだけです。

ところが、ある一定の年代以上になると、そういう若者たちに対し、「気の合う仲間内でつるんでいるからダメなんだ」「あえて苦手な人と付き合うことも必要だ」などと批判したりします。実は、その思考こそが自分たちを苦しめているのです。

もちろん、中高年世代には、若者が見本にすべき美点がたくさんあります。しかしながら、**こと人付き合いに関しては、若者たちの「バイブス優先」から学び、マネをしてみることをすすめます**。

中高年世代は、ＳＮＳに縛られている人こそ少なくても、リアルな人間関係に振り回される傾向にあります。たとえば、趣味の集まりなどでも、そこにいる人たちとどう平穏に付き合っていくかに頭を悩ませ、肝心の趣味に没頭できないなどということが起きます。

旅行に行っても、お土産のことばかり考えている人がいます。

「ええと、Ａさんと、Ｂさんと、Ｃさんと……三人で大丈夫だったかしら。誰か忘れていたら大変だから四つ買っていったほうがいいかな」

こんなふうに荷物を増やして、重い鞄を担いでいるくらいなら、お土産なんて最初から誰にも買わなくていい。身軽になって、自分のために観光したほうが何倍も今を味わうことができます。

もし、あなたが旅行のお土産を渡さなかったくらいのことで、Dさんとの関係がこじれたなら、それは最初から必要のなかったものです。隠れていた真実が明らかになったことを喜びましょう。

逆に、頑張ってお土産を渡し続けている限り、真実はいつまでも見えてきません。真実が見えないままに、あなたは大切な時間を浪費していることになります。だから、やはり、お土産なんてどうでもいいのです。

大事なことなので、ここで確認しておきましょう。**あれこれ無理して多くの人から好かれる必要なんてありません**。そんな努力はしてはなりません。

さらに言うなら、誰からも愛されなくたっていいのです。なぜなら、あなたは宇宙から愛されているからです。

ところで、お寺などで、筆で書かれた丸だけの掛け軸を見かけることがあるでしょう。「円相」とか「一円相」と言われるものです。

筆を使って墨で書いてあるのに文字ではない。かといって絵でもない。なんとも不思議な感じがします。

実はこれ、宇宙とあなたの関係を示しています。

外の丸はマクロコスモス、すなわち宇宙。中の点がミクロコスモス、すなわちあなたです。

このように、私たち人間は宇宙と一体で

●円相

あり、宇宙に守られているのです。

この宇宙と自分の関係を知れば、人間関係の出会いも別れも、すべてはあらかじめ決められていたものだと悟るきっかけになるのではないでしょうか。

円滑な人間関係術は、若者の「バイブス優先」を見ならおう

孤独を避けず、むしろ楽しんでみる

明治から昭和を生きた思想家・陽明学者の安岡正篤《やすおかまさひろ》が説いた教えに、「六中観《りくちゅうかん》」というものがあります。

六中観は、「忙中有閑《ぼうちゅうゆうかん》」「苦中有楽《くちゅうらくあり》」「死中有活《しちゅうかつあり》」「意中有人《いちゅうひとあり》」「腹中有書《ふくちゅうしょあり》」「壺中有天《こちゅうてんあり》」の六つの四字熟語から成っています。

これらの中で最も有名なのが「忙中有閑」で、あなたも目にしたことがあるでしょう。「忙しい中にも一瞬のくつろぎがある」という意味ですが、人はずっと暇でいるよりも、忙しくしていてこそ、くつろぎの時間の価値がわかると教えています。

さらに、「苦中有楽」は「どれほど苦しい状態にあっても楽しみは見いだせる」ということを、「死中有活」は「絶体絶命であっても、死ぬ気でやれば活路が拓ける」ということを「意中有人」は「つねに尊敬すべき人を心の中に持つこと」の大切さを、「腹中有書」は「付け焼き刃ではなく、しっかり腹に落ちる知識や考えを持つこと」の必要性を示しています。

ここまでは、文字の通りで理解しやすいのですが、問題は**「壺中有天」**です。狭い壺の中に天があると言っているのですが、これはどういうことなのでしょう。

壺は、私たち一人ひとりを指していると考えていいでしょう。つまり、あなた一人の中に宇宙があるということです。

たった一人でいる時間、自分の内面と語り合う時間こそが、最高の別天地をつくることができる。そういう、誰にも邪魔されない一人の世界を持ちなさいという箴言《しんげん》です。

私たちが生きる現代社会はあまりにも騒がしく、いらぬ情報に溢れています。SNSでの承認ごっこ、無理してまでの人付き合い……。絶えず周囲に誰かの影があり、それと関わっているのが当たり前に思えるけれど、人間の本質は「一人」なのです。

一人でいてこそ、宇宙と繋がれます。逆に、一人きりにならなければ、あなたの宇宙とは繋がれません。

一人でものを考え、瞑想する時間を持つことはとても大事です。孤独を避けるのではなく、むしろ孤独の素晴らしさを理解して、一人を楽しみましょう。

人間の本質は「一人」でいること。壺中有天と知る

他人とは中途半端に繋がらない

今、高齢者をターゲットにした詐欺が増えていますね。

単純に体力的に弱い高齢者を狙う乱暴な強盗もあるものの、多くは、孫や子どもを装ってお金を騙し取るパターンです。

こうした、いわゆる「オレオレ詐欺」の被害に遭いやすい老人は、孤独な環境に置かれているという指摘がありますが、そうとばかりも言えないでしょう。

彼らは、**本当に一人で自分と向き合う時間を持ててはおらず、子どもや孫たちと中途半端に繋がっているのではないでしょうか**。だからこそ、子どもや孫と声が違うことにも気づかず騙されてしまうのではないでしょうか。

あるいは、「切れやすい老人」が、若い人を相手に理不尽な言いがかりをつけるのも、孤独になりきれていないからだと私は思います。

先日も、一人暮らしの高齢男性が、スーパーマーケットの女性スタッフに暴言を吐いて殴りかかったというニュースを目にしました。「女性スタッフが不親切だ」というのが怒りの理由だそうですが、要するに寂しかったのでしょう。

しかしながら、この世には、一人暮らしの高齢者は山ほどいます。そうした人々がみんな、この老人のようになってしまうわけではありません。たいていの人は、ちゃんと孤独と対峙して、立派に生きているのです。

前述したように、私は祖父・多田等観から多くの教えを受けてきました。祖父のような仏教学者でなくとも、年齢を重ねれば若い人たちに与えてあげられるものも増えていきます。そこには、おそらく「孤独でいることの大切さ」も含まれます。

私たち人間の本質は「一人」。**若いうちは大勢でワイワイガヤガヤやっていても、年をとったら堂々と孤独でいればいい**。そうした姿を、見せてあげればいいのです。

私くらいの年代になると、人間関係はだんだん縮小していきます。仕事がらみの付き合いは減ってくるし、友人には亡くなる人も出てきます。つまり、孤独に近づいていきます。その分、宇宙と繋がれる時間が増えます。

これは素晴らしいことなのですが、多くの人がそこに気づけず「寂しい」と感じてしまい、大切な残りの時間や老後の資金を子どもや孫たちのためにせっせと使い、「孤独ではない自分」をつくりだそうとします。

それは逆です。老いて大切にすべきは孤独です。

私たちは、一人で生まれ一人で死んでいきます。たくさんの人に囲まれていたとしても、あなたという人は一人です。でも、それは寂しいことではありません。一人でいるからこそ、宇宙と繋がることができるのですから。

中途半端な繋がりは捨てて、一人の時間をとことん味わってみてください。

大切にすべきは「孤独」。
その分、宇宙と繋がれる

人と別れることをこわがらない

「いいご縁に恵まれたい」

多くの人が願うことですね。

もちろん、私にとってもご縁はとても大事ですが、そのためになにか特別なことをしているわけではありません。宇宙のシナリオにおまかせしていれば、自ずと出会うべき人に出会い、別れる運命にある人とは別れていくものだと思っています。

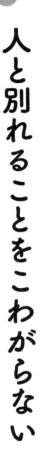

でも、**多くの人が、無理に出会いをつくろうとしたり、別れる運命の相手を引き留めたりしようとするあまり、かえってご縁を失っているのです**。

今は「出会い系」と呼ばれるネットのサイトがたくさんあり、いつでもどんな人とでも知り合うチャンスが増えています。

そこで探されているのは、恋愛対象だけではありません。闇バイトのような事例は別として、趣味を共有できるような友人や、切磋琢磨し合える学びの仲間を求めている人も大勢います。


もちろん、リアルな出会いの場もたくさん設けられています。

ある二〇代の男性は、リモートが盛んになった今でも、リアルで開催される異業種交流会に月に一度は参加しています。理由を聞くと、「知り合いをつくるには、直接会ってその人となりを確かめたいから」と速攻で返ってきました。

ところが、「なぜ、知り合いをつくりたいの」と重ねて聞くと、答えに詰まってしまったのです。

たぶん、彼の場合は、「これからも仕事をしていく上で、知り合いが多くて損はないだろう」と、漠然と考えているのだろうと思います。実際に、異業種交流会に参加する人は、そういう動機で始めることが多いのです。

私は、それを否定するつもりはありません。それなりの参加費を支払って、わざわざプライベートタイムに出かけていく前向きな気持ちは立派なものです。ただ、過剰な期待はしないほうがいいでしょう。

こういう「知り合うための場」で会った人とは、たしかに知り合えたかもしれませんが、たいていの場合、それ以上の付き合いには発展しません。名刺交換をして、数回メールでやりとりしておしまい。なぜなら、それぞれの宇宙のシナリオには必要のないことだからです。つまり、ご縁がないからです。

それでも、交流しているひとときを楽しく過ごせたならいいでしょう。「それだけでも行った甲斐があった」と考えられれば幸せです。

一方で、「なんだかムダな時間を過ごしてしまった」と感じてしまうこともあるでしょう。どうしてそう感じるのかといったら、そこで得をしたかったから。得をさせてくれる人間に会いたいというエゴが叶わなかったからです。

要するに、ご縁を求める心の中にはエゴが入り込みやすいのです。そして、エゴが起点になったご縁は、ろくなものにはなりません。

大事なのは、宇宙のシナリオに「おまかせ」した結果として生じたご縁。とくに求めたわけでもないのに、いつの間にかあなたの周りにいる人たちです。


さて、ここで重要なことを指摘しておきましょう。

ご縁を大事にするということは、「離れない」という意味ではありません。大事にするからこそ、離れていくこともときには必要です。

恋愛関係を例に考えるのが一番わかりやすいでしょうか。

誰かを好きになると、「これこそ運命の出会いだ」などと思えます。実際に運命の出会いであれば、結婚にまで進展したりします。

しかし、その運命は、「ずっと一緒にいる」というものであるとは限りません。「一時期は大変に盛り上がったけれど、やがて別れゆく」というパターンもあります。そのときにこそ、あなたの「真のご縁力」が試されるのです。

フランス人のカップルは、結婚するときに離婚について話し合います。もし、別れることになったら、家や貯金など財産はどうするか、子どもの親権はどうするかなど細部に至るまで真剣に話し合い、「覚書」も残します。

もちろん、それが杞憂に済めばいいですし、本当に別れることになったとしても、醜い争いは起きません。なぜなら、話し合ったときには愛の絶頂にあったため、お互いのことを思いやった条件になっているからです。

だから、気持ちよく別れることができ、その後もいい形で友人としてのご縁が続くカップルが多いのです。

ところが、日本の場合、「結婚のときに離婚の話だなんて縁起でもない」と考えます。別れることなんて前提にしないから、いざ、その「想定外」の状況が来たときに慌てふためき、罵り合うようなことになります。

夫婦、恋人、親友……一時期は深いご縁があった人を、憎むようなことはしたくないですね。だからこそ、その相手と「離れることはあり得ない」などと決めつけずに、状況によっては合わなくなるのだということを心に留めておきましょう。

その上で、**合わなくなった人とは別れたほうがお互いの人生は豊かになります**。限られた生命エネルギーを、その合わない人に費やす必要がなくなるからです。もちろん、自由で身軽になったあなたには、さらにいい運やご縁が巡ってくるでしょう。

別れを考えるって、お互いにとって実はとてもいいことなのですよ。

人間関係には「卒業」があることを認めよう

第3章

人生の目的について考えてみる

一瞬を楽しんで生きればそれでいい

哲学の世界でよく使われる用語に、「レーゾンデートル」という言葉があります。直訳すれば「存在する理由」。つまりは、存在意義です。

あなたも、「私はどうして存在するのか」「私はなんのために生きているのか」などと考えたことがあるでしょう。

本章では、その答えについて一緒に考えていきたいと思います。

その結果、あなたは、きっと生きることがものすごくラクになると思います。

だって、あまりにも簡単で単純ですから。

真理はシンプルなのです。

そもそも私たちは、人間という生き物を、なにやらたいそう複雑なものと捉えすぎています。そのために、いらぬ苦しみをつくりだしています。

私たちは、あるがまま、正直な気持ちのままに一瞬一瞬を楽しんでいればいいのですが、それができないのです。

禅宗では、人間は単なる「クソ袋」だと教えています。大小便を肉の袋で包んでいるだけの存在だと。

だからといって、「価値がない」と言っているのではありません。せめて、そのことぐらいはしっかり認識し、丁寧に生きることが私たちの仕事だと言いたいのです。

私たちは、便を汚いものと捉えがちですが、それは、ついさっきまで自分の体の中にありました。「美味しい、美味しい」と自分の口で食べて、自分の胃腸で消化して、肛門から出てきたのが便。すなわち、私たち自身の一部とも言えるのです。

人間として最優先しなければならないのは、クソ袋として立派に過ごすこと。ところが、多くの人が、その一番大事な仕事を疎かにして、「もっと高度なこと」をやらなければならないと考えています。

もちろん、そうした活動も大事です。コンピュータに代表される新しい技術によって生まれた便利さを、私自身も享受しています。

医学の進歩によって助けられる命が増えたことも、より高みを目指す人間の素晴らしさを示しています。

これからも、人々の努力がいい形で結実されることを私は願っています。

ただ、そのために苦しむ必要はありません。

私たちは、苦しむために生まれてきたのではありません。

ずばり、楽しんで命を輝かせるために生まれてきました。

それにもかかわらず、実際には「苦しい」と感じている人が多いのは、おそらく日々の過ごし方をミスっているからです。


「私はなんのために生まれてきたのか」

「私の人生の目的はなんなのか」


この疑問へのズバリ明確な回答を得て、「生きづらさ」の修正をしていきましょう。

人生の目的とは「息をすること」

あるとき、昔の教え子がやってきて、ひとしきり愚痴をこぼしていきました。彼はまだ三〇代ですが、「人生の目的がわからなくなった」というのです。大学を卒業して、いわゆる一流企業に就職。国際的な仕事に従事し、それなりの立場になって優秀な部下もいる。周囲から見たら「なんの迷いがあるの？」と不思議に思えます。

でも、たとえ「成功者」と呼ばれるような人たちであっても、人生の目的を見失って苦しんでいるケースは多々あります。むしろ、そうでない人のほうがめずらしいと言ってもいいかもしれません。

というのも、**もともと人生の目的なんてないからです**。

いや、あるにはあるのですが、それはあまりにも身近なことであって、みんな意識できていないのです。

人生の真の目的とは、成功することではありません。成功を目指して、一生懸命努力することでもありません。「生活すること」です。

朝起きて、昼間活動して、夜になったら眠る。私たちは、これを目的に生きています。もっと言えば、**人生の目的とは「息をすること」なのです**。

私たちは、その目的が日々、毎分毎秒滞りなく達成されるように、できれば快適に達成されるように努めているだけ。それができていれば十分です。

朝目覚めたら、まず窓を開けましょう。新鮮な空気を部屋に入れるとともに、晴れていればお日様に感謝し、雨が降っていれば、その恵みに感謝します。それだけで、自然と「気持ちいい」という言葉が口をつきます。

その後、一杯の水を飲んで「ああ美味しい」。

朝食メニューはなんであれ、ゆっくり味わって「これまた感謝」。

シャワーを浴びて「さっぱりしたなあ。気持ちイイ〜♪」。

その日の身支度をしながら「なかなかシンプルで、いい感じ」。


とにかく、ずっとご機嫌で生活そのものを味わっていいんです。


先日、あるイベントの打ち合わせで会った男性は、見るからにアグレッシブで、精力的に仕事を進めていきそうなタイプでした。

その日も、前の予定が押してしまったとかで、タクシーで駆けつけてくれました。

聞くと、お昼も食べていないと言います。

「いやいや、飯なんてどうでもいいんです。仕事のほうが大事ですから」

一生懸命イベントの準備をしてくれるのはありがたいのですが、なぜか、いいオーラが伝わってきませんでした。たぶん、生活を疎かにしているツケのようなものが現れていたのだと思います。

食事は腹がいっぱいになればいい。エネルギーが尽きなければなんでもいい。風呂は清潔を保てればいい。人の迷惑にならなければいいからシャワーで十分。睡眠は短く済ませたい。できればその時間を仕事に回したい。

こうして、「生活は二の次、仕事が第一」で貴重な日々の時間を過ごしている人がいます。息をするのも仕事のためだといわんばかりに。

しかし、それは逆です。**私たちは仕事のために生活しているのではなく、生活のために仕事をしているのです**。

私たちは息をするために、より余裕を持っていい呼吸が行える暮らしをするために仕事をしているだけです。仕事は手段であって、目的ではないのです。同時に、成功も目的にはなり得ないのです。

だから、仕事なんてなんでもいい。成功なんてどうでもいい。

気持ちのいい呼吸ができていれば、あなたは十分に人生の目的を果たしているのです。

人は、お金を稼ぐために健康を犠牲にし、そして今度はそのお金を使って健康になろうとする。現代人は、将来を心配しすぎて、今を楽しめません。

仕事人間であることよりも、生活人間であることを選択していきましょう。誰がなんと言おうと「仕事よりも生活」なのです。

気持ちのいい呼吸さえできていれば人生上出来

「今」という時間は明日にはない

私の知人の息子が、サッカーに夢中になっています。まだ小学生ですが、近所のクラブに所属して、毎日、練習に明け暮れています。中学受験に向けて塾通いをしている同級生も多いのに、どこ吹く風のようです。

知人は「少しは勉強もしてくれないと」と心配な一方で、「好きなことをやっているのに、無理に勉強させる必要はないか」という思いもあるようです。そこには、知人自身の経験が影響しています。

彼は、中学校で知り合った友人の影響で、すっかり音楽にはまりました。

高校時代には、アルバイトで貯めたお金で自分の楽器も買い、仲間とバンドを組みました。しかし、途中で脱退することになります。父親に、「好きなことをするのは、現役で大学に合格してからにしなさい」と厳しく言われたからです。

彼は、「大学に入れば、また音楽はいくらでもできる」と、その日から受験勉強に打ち込み、第一志望の国立大学に合格。でも、そこで入ったサークルでは、高校時代の仲間のようにしっくりくるメンバーと知り合うことはできませんでした。

もしかしたら、あなたにも同じような経験があるかもしれません。「今でなくてもいつでもできる」などと自分に言い聞かせてきたけれど、後から考えれば、あの「今」にやっておきたかったというようなことが。

私たちはつい、この「今」という時間がずっと続くような錯覚を起こします。明日はもちろんのこと、一〇年後も今日と同じように過ごせているだろうと。

その結果、「将来のために今は我慢する」というスタンスを、当然のようにとってしまいます。実際に、教師も親も、そうした態度を立派なこととして推奨します。

しかし、それは、「大事な今をないがしろにしている」ということと同義なのです。

私たちは宇宙のシナリオに沿って生かされており、明日どうなるかについて、確かなことなど誰もなにも得ていません。**そんな私たちが最優先でやっていかねばならないのは、「今を輝かせる」ということに尽きます**。

厳しい言い方をすれば、「将来のために今は我慢する」というスタンスでいる人は、自分の将来とやらがあることを根拠なく決めつけているわけです。謙虚なようでいて、実は傲慢なのです。

一方で、「明日どうなるかについては、宇宙のシナリオにおまかせしており、自分で決めることはできない」と考えたら、私たちは、「今」という瞬間を輝かせることに集中できます。つまり、「今」を楽しむしかないということがわかります。

要するに、私たちの人生は、「今」という時間を楽しむことの積み重ねなのです。

仏教では、それを「遊行《ゆぎょう》」と表現します。人生は「修行」ではなく「遊行」。修行などすればカルマが溜まるだけです。私たちは、遊行に徹して楽しく遊んでいればいいのです。

「今」を楽しむためにこの世に送り出された私たちの人生は、いわば観光旅行のようなもの。観光旅行という言葉、当たり前のように使っていますが、よく見ると不思議。「光を観る旅に行く」と書くではありませんか。

そうです。私たちは、光を見る旅を楽しむために、この星にやってきました。その光だけを追いかけていていいのです。

もちろん、どんな事象にも光だけでなく影があります。しかし、光が当たったから影ができるのであって、影が光をつくるわけではありません。

たとえば木漏れ日は、光とそれによって生じた影が対になってその美しさをつくりだしています。このように、**影は光のペアとしての副産物として見れば、それもまた素晴らしい存在となります**。

ところが、「影あっての光だ」「影があるからこそ光が強調されるのだ」と考えてしまうと、影を探す旅になってしまいます。

「将来の光のために、もっと修行しないといけない」

「将来の光のために、今は我慢しなければいけない」

こうして影に着目していれば、将来大きな光が差すと思うのでしょうが、影は光をつくりません。

だから私たちは、いついかなるときも、光を探していればいいのです。**人生という観光旅行を「観闇旅行」にしてしまってはいけません！**

「将来のために今は我慢する」は
してはいけない

イライラして進んでも、楽しんで進んでもゴールは同じ

多くの人は、「人生は選択の連続だ」と教わって生きています。

中学受験をするのか公立に進むのか、高校はどうするのか、大学はどんな学部がいいのか……。私も小学校の頃からいろいろ選択しているし、それぞれ部活やサークルについても、自分で選んできたと思っています。

さらには、就職活動や恋愛においても、あるいは、結婚して子どもを持つか否かということや、家は買うか賃貸か、買うとしたらいつがいいのかなど、ありとあらゆることで悩みながら選択しているつもりでいます。

このときの選択の基準は、「どちらが得か」というものです。

ある三〇代の女性は、勤め先の同僚のプロポーズを受け入れて以来、今の仕事を続けるか否かで悩んでいます。

自分のキャリア形成を考えれば会社は辞めないほうがいい。でも、ちょっと疲れてしまって休みたい気持ちも正直ある。それに、二人で今後も同じ会社に勤めるのには、ちょっと抵抗がある。こうした、自分ならではの要素を吟味し、最終的に自分にとって得な結論を出そうと考えています。

しかし、どちらが得であったかは永遠にわかりません。仕事を続けたとしても、会社を辞めたとしても、もう一方の選択肢は採れないために、結果を見比べることはできないからです。

だからこそ、「あのとき、あっちを選んでいれば、もっといい人生があったのではないか」と悔いることになります。

「A大学ではなく、B大学に進んでいれば……」

「あの子と結婚していれば……」
「マンションなんて買わずにいれば……」
「あのまま転職しないでいれば……」

なにか思い通りにいかないことがあったとき、「あのときの選択が間違っていたのだ」と考えるわけです。でも、いずれも検証はできませんから、そう考えること自体が無意味です。

それになにより、ここで強調しておきたいのが、**そもそも私たちはなにも選択なんてしていないということです**。選択した気になっているだけです。

私たちは、宇宙のシナリオに沿って、ただ流されて生きています。流されて流されて今のあなたがいるだけであって、それが自分で選択してきた結果だなどというのは幻想です。

そういう幻想を抱いてしまうのは、「流されてはいけない」という刷り込みがあるからです。流されないように自分で立って、自らの意思でいろいろ決めていかなければいけない、と思い込まされているからです。

しかし、**人間がどんなに偉そうに言ってみたところで、宇宙から俯瞰してみれば私たちはみんな流されているのです**。

おそらく、「流されてはいけない」と刷り込みたがる人は、流された先になにか悪いことが待っていると考えるのでしょう。流された先にあるのは悪いことだけれど、自分で切り開いた先には良いことがあると。

それは、あまりにも小さな囚われの世界における偏った思考です。

宇宙レベルで見れば、私たちはみんな流されています。自分で立っているつもりの人も流されています。流れ着くことが決まっている素晴らしい場所に向かって、悠々と流されているのです。

だから、逆らわずにおまかせしているのが、ムダな労力を使わない一番得な方法と言えます。

繰り返し述べておきます。**宇宙のシナリオによって、あなたの人生の旅のコースは決まっています**。

これまであなたは、すでに決められていることについて、「どっちを選べばいいんだろう」と悩んできたはずです。そして、「私の選択は失敗だった」などと自分を責めてもきたはずです。でも、実は、そんな苦しみは無用だったのですね。

人生の旅のコースをイライラしながら進むのか、楽しみながら進むのか。どちらでも、着く場所は同じなんです。だったら楽しんで流されていきましょう。

運命とは、命が宇宙のシナリオによって運ばれていくことなのです。

人生は選択した結果ではなく、宇宙のシナリオに乗っているだけ

すべてのものの見方が変わる発想「自分なんて、ない」

仏教の教えの中に「唯識《ゆいしき》」という考え方があります。

これをごくわかりやすく説明すると、**「自分というものは存在しない」**ということになります。

私たち一人ひとりは、宇宙の一員として、宇宙と一体となって存在しているのであり、そこから**自分だけ切り離して考えること自体がおかしいということです**。

ところが、現実にはそれに気づかず、あたかも己の意思で世界を回しているかのように思い込んでいるエゴまみれの人間が多いのです。

社会人になって間もない男性が、上司から食事をごちそうになりました。その席で上司は、盛んに「自分軸を持てよ」と言ったそうです。

「大事なのは君がどうしたいかだ」

「いつでも己の頭で考えろ」

「自分がないやつはなにをやってもダメだ」

まだ学生気分が抜けない男性に対して、社会人としての心構えを教えようと食事に誘ってくれたようです。

たぶん、「いい上司じゃないの」と感じた人が多いことでしょう。しかし、この上司、要するに「エゴが重要だ」と言っているに等しいのです。

もちろん、本人は「部下のためを思って」いるわけです。しかし、この「自分軸を持て」という激励は、かえって部下を追い込んでしまいかねません。

なぜなら、自分なんてないからです。


この上司に限らず、あらゆる物事について、みんな「自分がやっている」と思っています。だから、うまくいかないことがあれば「まだまだ自分はダメなんだな」と自己評価を下げてしまいます。

しかし、それは「うまくいかないように」決まっていただけ。うまくいかないほうがいいから、うまくいかなかっただけなのです。

考えてもみてください。私たちが「自分でできる」ことなど、ほぼ皆無。**自分でやっているのは、「誰かにおまかせすることを決める」ということくらいです。**

たとえば、あなたが病気で手術を受けなくてはならなくなったとしましょう。あなたはまな板の上の鯉のように、医師や看護士など医療スタッフを信頼しておまかせするしかありません。彼らは、あなたにとって一番いい道を考え、最大の努力をしてくれるのですから、そうした縁や運に感謝して、安心していればいいのです。

ところが、「自分でやらねば」と考えている人はそれができません。

「本当にこの医者は信用できるのか？」

「本当にこの手術でいいのか？」

「本当にこの病院で大丈夫なのか？」

こうなったらもう、眠っている間にインチキをされてしまうかもしれないから、麻酔抜きで手術を受け、目を見開いて自分の内臓をのぞき込むしかありません。

「自分が、自分が……」というのは、これくらいバカげたことなのです。

「自分なんて、ない。ただ宇宙の一部としての私があるだけ」

こう考えたら、すべてのものの見方が変わってきます。無理に頑張ることなどないので超ラクチン。そして、あらゆる物事について謙虚に「おまかせ」できるから、大きなパワーをあちこちから貰えます。

「自分軸」なんて
持つ必要がない。
そもそもそんなものはない

「勤労」の中にこそ自由自在の遊びネタがある

私たちは、宇宙を構成する大切な一員としてこの世に生を受けました。しかも、光だけを見て遊んで暮らしていいという、素晴らしい条件が与えられています。

しかし、私がこう説明すると、素直に喜んでくれずに、どうしてもネガティブに考えてしまう人がいます。

セミナーを聴講してくれた、三〇代の女性から質問されました。

「でも、遊ぶにもお金が必要ですよね。私も、旅行に行ったり、美味しいものを食べたりしたいけれど、お金がないから遊べません。遊べない私は、宇宙の一員として役にも立てないということでしょうか」と。

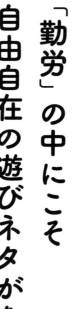

とんでもない。**「遊行」は、お金がなければできないものではありません。**むしろ、余計なものを持たない人ほど、上手にこなせます。

私は仕事柄、日本全国あちこち出かけます。飛行機や新幹線に乗る機会は人よりも多いし、いろいろなホテルにも泊まっていると思います。

そうした経験から言えるのは、不機嫌なお金持ちほど気の毒な存在はないということです。

グリーン車に乗っていても、高級ホテルに滞在していても、全然楽しそうじゃない。絶えず文句のもとを探しているような人たちです。

「あの団体客がうるさい」

「このサービスがなっていない」

まるで、周囲のせいで不機嫌にならざるを得ないといわんばかりですが、原因はすべて本人の中にあります。そこに気づかないから、新しい不満がどんどん生まれ、眉間にシワが寄っているのです。

一方で、散歩するだけで幸せを感じ取れる人もいます。

定年退職した六〇代後半の男性は、近所の公園を最近になって初めて探索し、その素晴らしさに驚いたといいます。それまでは、家の近くにどんな施設があるのか、まともに考えたこともなかったそうです。

「公園なんて子どもが遊ぶ場とバカにしていましたが、とんでもない。緑豊かで、天気のいい日は、ベンチで読書をするととても幸せを感じます」

この男性、ついに、公園掃除のボランティアに応募し、そこで新しい仲間を得て、ほかの地域の公園も探索する活動を始めたそうです。

さて、どちらの命がより輝いているかは、言うまでもありませんね。

もちろん私は、お金を使うことを否定するわけではありません。お金は天下の回り物ですから、お金持ちはどんどん使って、世の中に還元するのが一番です。

一方で、**「お金がないから遊べない」なんていうのは大きな間違いです**。遊べるかどうか、遊行できるかどうかは、本人の心の豊かさ次第なのです。

私たちの遊びのアイデアは、テーマパークや高級レストランに落ちているわけではありません。

実は、勤労の中にこそ、自由自在の遊びのネタがあります。

多くの人は、働くことを「苦行」のように感じていますが、その本当の意味を知れば、「遊行」に変えられます。

本来、「働く」とは「傍《はた》をラクにする」こと。つまり、公園のボランティアを始めた男性のように、「誰かにラクになってほしい」と思って、行動することなのです。

たとえば、「みんなが使う水飲み場を、ピカピカに磨いておこう」と思って行動しているときの男性はとても幸せ。みんなの喜ぶ顔が目に浮かんでいるからです。まさに、勤労を遊行にできているわけです。

ところが、「自分をラクにしよう」と思って働くと、「もっと、もっと」のエゴが顔を出すから、とうてい遊行にはなりません。

それどころか、利他心のないエゴにまみれたプレイでは、本人がどんなに遊んでいるつもりでも、遊行とはほど遠いものとなります。眉間にシワを寄せて文句を言っているお金持ちがその典型。彼らは、どんなにお金を使っても魂の喜ぶ遊行ができていないのです。

お金をかけなくても十分遊べる

第4章

自分をもっと解放する「自由」への道

人生に一度は「不自由の犯人探し」をしてみる

仏教について詳しくない人でも、「般若心経」については、どこかで耳にしたことがあるでしょう。

般若心経は、もともと六〇〇巻にもわたるお経を、徹底的に凝縮して、本文二六二文字に収めたものです。

とくに、多くの人の記憶に残っているのは、最後の一文にある「ぎゃあてい、ぎゃあてい、はあらあぎゃあてい……」というくだりではないでしょうか。

この一文、いったいなにを言っているかというと、こうなります。

「自由だ、自由だ、自由になった。大宇宙よ、ありがとう」

意外で、びっくりしたでしょうか。仏教は、あなたを戒め縛るものではなく、自由に解き放つためのものなんです。

仏教の教えを挙げるまでもなく、本来の私たちは自由です。しかし、自由の喜びを感じられずにいる人が多いのが現実です。

それはいったい、どうしてなんでしょう。

そもそも、「自由」とはどういう状態だと、あなたは考えますか？

「二四時間、三六五日、自分の好きなように過ごせること」でしょうか。だとしたら、本当に自由でいられる人など、ほとんどいませんよね。子どもだって、一人暮らしの高齢者だって、なにかしら「しなければならないこと」に時間を割いています。

真の自由とは、身体的、物質的なものではなく、心にあるもの。心が自由な人は、たとえ体が動かなかったとしても自由なのです。

もしかしたら、あなたは、年老いた親の介護に忙殺されているかもしれません。子どもの進学問題で、しょっちゅう担任の教師に呼び出されているかもしれません。あるいは、仕事で単身赴任を強いられたり、自分自身が病気で入院したりするかもしれませんね。

だとしたら、つらいことでしょう。そのつらさを、どうか、吐き出してください。無理して自分の中に閉じ込める必要などありません。

そして、心を自由にしてあげてください。

「幸せになりたい」と同様、「自由になりたい」という声を多くの人から聞きますが、いずれも「なる」のではなく「感じる」ものです。

たとえば、秋の晴れ渡った空を見て「ああ、気持ちがいいなあ」と感じているとき、あなたは、とても解放された気分でいるはずです。

その気分は、あなたのものであって、誰にも壊すことはできません。すなわち、あなたは自由なのです。

このように、本当は自由であるはずのあなたの心を、不自由にしている犯人はどこにいるのか。これから探ってみましょう。

人間には、幼少期の多くの「刷り込み」がある

奇跡的な確率をかいくぐり、大歓迎されて生まれてきた私たちは、「自分が幸せなように」自由に生きることを求められています。

もちろん、他人を傷つけたり不快にさせたりすることはNGですが、そもそも一人ひとりが「最高な自分」を生きていれば、周囲の人たちを幸せな気分にこそすれ、迷惑をかけることなどありません。

それなのに、実際には人間関係にギクシャクしたり、自分自身もなかなか幸せを感じ取れずにいたりするのは、ある思い込みに支配されているからです。

人にはそれぞれ、五二個の「ビリーフ（belief)」があると言われています。

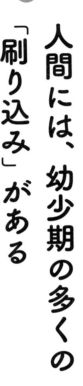

ビリーフとは、自分が正しいと信じていること、価値観、信念などのことです。と言うと、ずいぶん立派な感じがしますが、言葉を換えれば「子どもの頃からの刷り込み」です。

たとえば、「年長者には従わなければいけない」「女は女らしくしなければいけない」「男は泣いちゃいけない」といった世の中の通念的なものから、「お父さんには敬語を使わなければいけない」「食事中におしゃべりしてはいけない」など、かなり限定的な家庭のルールまで、さまざまな刷り込みがあります。

あるいは、「○○○教こそが真実の神だ」など宗教に関わるビリーフに囚われている人も多くいます。昨今、問題になっている怪しい新興宗教の「二世」は、親やほかの信者によって、幼児期からずっと刷り込みをされてきたわけです。

また、こうした刷り込みは、自ら行ってしまうことも多いです。

ある三〇代の男性は、「自分は大事なところでいつも失敗する」と言います。子どもの頃から、スポーツの試合でも受験でも、本番に弱かった。そうした記憶があるため、仕事で重要な案件が回ってきても、それを一人でこなす自信がなくて、つい誰かに助けを求めてしまうそうです。

本当は、彼だけで十分に対応できるはずなのに、それができない。「重要な仕事を自分が受けてはいけない」というビリーフが、彼の中にしっかり根付いてしまっているのです。


いずれにしても、**その人にとってどれだけ大切なビリーフでも、客観的に判断すれば「should」「must」に形作られたひどく古い価値観にすぎません。そして、私たちは死ぬまでこの古い価値観に縛られ、苦しめられます。**


おばあちゃん子だったある若者は、たびたびこう言われて育ちました。

「お金なんか持つとろくなことはないよ」

近所のお金持ちが豪邸を改築するのを見て、交差点でベンツが止まっているのを見て、ブランドショップから買い物袋を下げて出てくる人たちを見て……おばあちゃんはいつも批判的な言葉を口にしました。

おそらく、おばあちゃんは「今の暮らしで十分に幸せだ」と言いたかったのでしょう。可愛い孫に「足るを知る」の大切さを教えたかっただけなのだと思います。

しかし、その若者の中では「金持ちは悪」「お金はこわい」という刷り込みがなされてしまいました。

こういう人がお金を持つと、それがちゃんと自分で稼いだものであっても、ムダに使ってなくしてしまいます。「お金を持っていてはいけない」というビリーフが、そうさせるのです。

子どもの頃、両親が忙しくてなかなか面倒を見てもらえなかったのが、病気のときだけは優しく看病された経験から、「自分は元気でいてはいけない」「病気でいるほうが幸せだ」というビリーフに操られている人もいます。彼らは、あえて不摂生をしたり、体を壊すような行いをしたりします。

ここまで深刻でなくとも、タバコを吸ったり、過度の飲酒をしたり、暴飲暴食をし

価値観や信念は、
場合によっては
自分を不幸にする

て太ったり、健康診断で問題点を指摘されたのにスルーしたりと、人は「自分をないがしろにする」行為を結構しています。

その心の奥底に、「どうせ自分なんか価値がない」「自分を大事になんかしてはいけない」という刷り込みがないか、とことん見つめてみましょう。

もし、おかしな刷り込みで大切な今を台無しにしている可能性に気づいたら、「自分は奇跡的な確率をかいくぐり、宇宙に大歓迎されて生まれてきた貴い存在なのだ」ということを思い出してください。

それが、あなたを自由にする第一歩です。

自分を不自由にする言葉には要注意

昨年結婚したばかりの女性が、同居する姑の口癖に悩んでいます。夫の母にあたるその人は、彼女に対して意地悪をするわけではありません。ただ、なにかにつけて**「普通は……」**という説明をするのだそうです。


先日も、女性がタケノコを茹でていたら言われました。

「普通は、縦に切れ目を入れてから茹でるわよ」

女性は、外皮を剥き、穂先を斜めに切って鍋に入れていました。たしかに、後からネットのレシピを確認したら、多くが「縦に切れ目を入れる」と書いてあります。しかし、自分のやり方でも十分に美味しく茹であがりました。

それを「普通は……」と言われてしまうと、いかにも「常識を知らない」と非難されている気分になります。

ほかにも、女性の家事のやり方について「普通は……」を連呼され、かなり滅入っているようでした。

同じようなことが、ビジネスの場でもよく見られます。

知らないことについて質問したり、ちょっと上司と違うやり方をしたりしたときに、**「そんなの常識だろうが」「常識で考えてみろよ」**などと非難された経験を持つ人は多いのではないでしょうか。

しかし、そもそもなにをもって「常識」とするかについて、誰も正しい答えなど知りはしないのです。

「みんな言っているよ」も要注意ですね。

この論法が使われるのは、ネガティブな話題がほとんど。「みんなが、君を褒めているよ」などという楽しい話は案外少ないものです。

「あのやり方は問題だって、みんな言っているよ」

「最終的には損するって、みんな言っているよ」

「やめたほうがいいって、みんな言っているよ」

こんなふうに人の不安を煽る内容であることが多く、言われたほうは、すっかり自信をなくしてしまいます。

ところが、このときの「みんな」は、せいぜい二〜三人がいいところ。それどころか、その人だけの偏った意見に過ぎないこともままあります。


このように、世の中には、あなたを縛る言葉を口にする人があちこちに存在します。

しかし、たいてい彼らに悪気はありません。その人自身もまた、なにかの思い込みや刷り込みに縛られているだけなのです。

つまり、まったく根拠もないことを平気で言い合い、お互いに苦悩の原因をつくっているのが人間社会なのです。

だから、気にしない、気にしない。
なにを言われてもどこ吹く風で、ケセラ・セラ、自由に生きていきましょう！

「普通」「常識」「みんな」という枕詞は「気にするな」という合図

「なんか嫌だ」はやるな。「こわい」はやってみる

若い頃は、「あれもやりたい、これも手に入れたい」と、どんどん世界を広げていくことを好みます。しかし、年齢を重ねるにつれ、新しいチャレンジは避けがちになります。何事に対しても、「いまさら」という気分になってしまうのですね。
もし、一〇〇歳まで生きると仮定した場合、五〇歳くらいなら、新しいことを始めても十分に習得でき、それを生涯にわたって生かすことができます。ダイビングの免許を取って、世界の海に潜ることもできるでしょう。

年齢に関係なく、分野に関係なく、なにか新しいことにチャレンジする機会に遭遇したとき、「やるべきか否か」を判断する、私流の基準をお伝えしましょう。

それは、**「嫌なのか、こわいのか」**。

うまく理由付けはできないけれど、**生理的に嫌なことや嫌な人って存在しますよね。それらとは関わらないで、すっぱり切り捨てましょう**。

一方で、**こわいのなら、それでちょっとびびっているのなら、チャレンジする価値ありです**。


たとえば、あなたが友人にクリスマスパーティに誘われたとします。その日に予定はないけれど気が進まないというとき、その理由を考えてみましょう。

「参加者の中に、なんだか嫌な人がいる」とか、「本当のことを言うと、お酒を飲む場が嫌」とか、そこに「嫌」な要素があるなら参加する必要はありません。無理して出かけても、お金も時間も自分の気持ちもムダに消費するだけです。

そうではなくて、知らない人が来ることや、おしゃれな場になじめるかについてこわさを感じているなら、とりあえずGOしてみましょう。というのも、**それは変化に対する「こわさ」であって、本当に危険が迫っているわけではありません**。変化を受け入れることで素晴らしい新たな世界が拓けるケースが多いのです。

私は先日、仕事場の近所にかなりいい寿司店を開拓しました。実は、以前から気になってはいたのです。ただ、外から店内が見えないし値段もわかりません。とんでもなく高いか、常連さんばかりの店だったらどうしようと考えたら、こわくて入れなかったのです。

しかし、あるとき「入ってみて違うなと感じたら、すぐに出てくればいいじゃないか」と、思い切ってドアを開けてみました。

結果は大正解。最高の店でした。

口数は少ないものの腕のいいご主人が握るお寿司はすごく美味しくて、フロア担当の奥さんの心遣いも細やか。おまけに、値段もとても良心的でした。

「入って良かった！」

あのまま「こわい」とスルーしていたら、お気に入りの店を得るチャンスを失うと

ころでした。

誰だって、初めてのことはこわいのです。

よく考えてみると、こわさが原因で二の足を踏んでいることが、あなたにもいくつかあるでしょう。それを、「私は嫌なんだ」と勘違いして避けていては大きな損をします。こわいのなら、まずはやってみましょう。

そして、やってみて、どうだったかを振り返ってください。

「あれ、なかなかいいじゃない」「ちょっと面白いかも」などと感じたら、**こわさに負けずに扉を開いた自分を褒めてあげましょう**。

逆に、飛び込んではみたけれど「嫌だな」と感じたら、あなたには合わないのですからストップしましょう。あるいは、最初はいい感じだと思っていたけれど、なんだか途中から嫌になってきたというなら、その段階でやめればいいのです。

こうした結論も、やってみたからこそ得られます。こわいからと迷っているのなら、まずは一歩を踏み出してみましょう。

一瞬ビクッとしたときに、「イヤ」か「こわい」かを冷静に考えてみる イヤならストップ、こわいならGO

「がっかりした」「寂しかった」と大切な人に言えるか

以前から付き合いのある、五〇代の夫婦がいます。

彼らは、一時期「離婚の危機」にありましたが、今はすっかり落ち着きました。

離婚の危機に陥った原因は、いわゆる気持ちのすれ違いだったようです。男女の気持ちのすれ違いなど、あらゆるカップルが経験しているはずですが、一緒にいた時間が長くなれば、それだけ問題も大きくなるのかもしれません。

夫婦は共働きで、途中の子育て期間、妻は仕事を離れていました。妻も、夫のようにキャリアを重ねたかったけれど、物理的に無理だったのです。そのため、今は妻は契約社員として、正社員のフォローにあたっています。

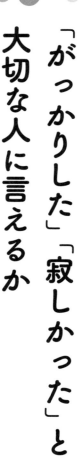

五〇歳近くになって、妻は強く感じるようになりました。「この結婚で、はたして良かったんだろうか」と。

「夫は年齢の割に新しい感覚の持ち主だったし、子育てや家事にも積極的に臨んでくれた。でも、仕事を辞めるとしたら私だということに、まったく疑問を持っていなかった。おそらく、今も当然だったと思っているのだろう」

妻は、後悔しているわけではありません。子どもたちは可愛いし、なんだかんだ言って、自分もそのときはそれでいいと判断したのだから。

ただ、現在の夫の態度にがっかりしているのです。

一方で、夫のほうにもある思いがありました。

実は夫の会社では、五〇歳を過ぎると早期退職制度の利用が推奨されます。ていのいい肩たたきです。彼はまだその対象にはなっていませんが、もし、自分にそうした話が回ってきても、家族のためになんとか会社に残りたいと考えています。

とはいえ、これまで尽くしてきたはずの会社に対し、そんな心配をしなければならないこと自体が寂しい。それ以上に、そうした苦しい胸の内を語れる相手がいないことが、とても寂しいのです。

本当なら、妻に聞いてもらいたいところです。でも、子育てのためにキャリアを捨ててくれた妻に、そんなことを言うのはためらわれました。

こうして、お互いに口数少なくシラジラと過ごしていたある日、限界を超えて二人は爆発しました。結婚して初めてと言っていいくらいの大げんかでした。

そこで、**徹底的に自分の気持ちを吐露し合いました**。

「私は、心底がっかりしているの」

「俺が、どれほど寂しかったかわかるか」

なんと、この結果、二人は離婚の危機を脱したのです。

多くの場合、けんかは関係性をさらに悪化させますが、この二人がそうならなかったのは、相手を罵るのではなく、**素直な自分の気持ちを述べ合えたからです**。

とくに、「がっかりした」とか「寂しかった」と言えるかどうかは、非常に大切なポイントです。それが言えるということは、相手に対してオープンに、自然な自分を表現できている証拠だからです。

ベクトルを相手に向けるのではなく、自分自身の胸に向けるのです。

友人関係などでも、相手に対して「あれ、ちょっとがっかり」「なんだか寂しいな」と感じることがあるでしょう。これは、相手が悪いわけではありません。あなたが悪いわけでもありません。なにかがすれ違ったのです。

そのときに、決して相手を非難するのではなく、「自分の気持ちとして」正直に言うのは良いことです。

「僕、ちょっとがっかりしちゃったんだ」

「私、なんだか寂しかったよ」

なぜならば、「あなたが好きだから」「あなたが大事だから」ということが、正直に吐露することでちゃんと伝わるからです。

たぶん、あなたは親からも教師からも、逆の教えを受けたことでしょう。

「人に、がっかりしたなんて言ってはダメよ」「寂しいなんて言うから、よけいに寂しくなるんだ」などと。

これもまた、大きな縛りとなってあなたから本来の自由を奪ってきました。

もっと素直に自分を出しましょう。

「がっかりしちゃったんだよ」

「寂しかったんだよ」

自分の感情を正直に口にしてみたとき、一つの縛りがスルリと解けるのを感じるはずです。

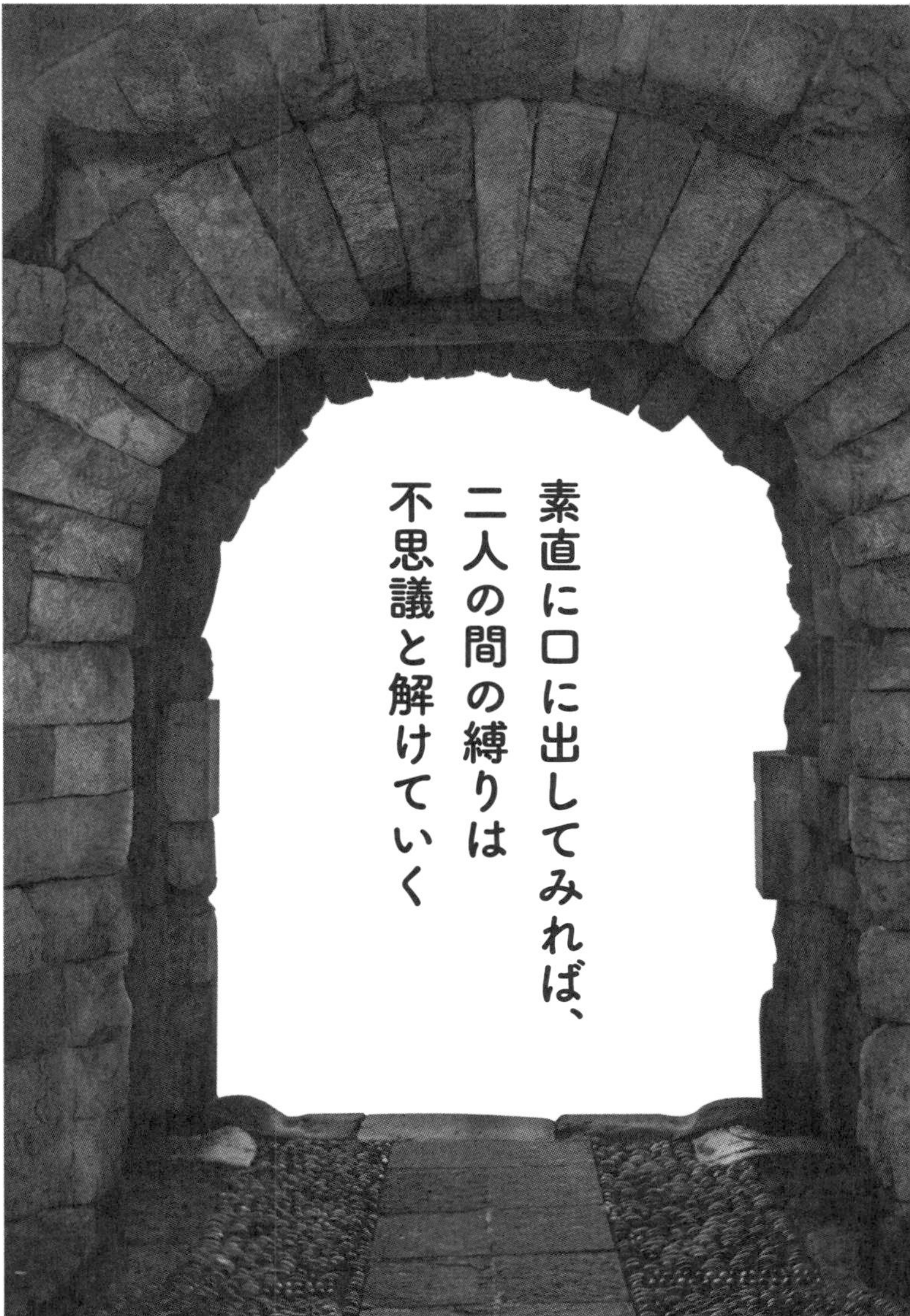
素直に口に出してみれば、
二人の間の縛りは
不思議と解けていく

自分を良く見せる必要なんてない

今、「リアルに人と会うのがこわい」という若者が増えているのだそうです。SNSに載せる写真は可愛く加工してあるから、実物を見てがっかりされるのがこわいのだとか。

もっとも、きれいに加工したお見合い写真と実物がかなり違ったなんていう話は昔からありました。

だから、年代に関係なく、「自分を良く見せたい」という思いは、誰の中にもあるのだと考えていいでしょう。

ただ、これも度を過ぎると後で苦労します。

これまで何度もふれてきたように、**私たちにとって大事なのは現実です。理想という名の幻想ではありません**。

それでも、自分自身に幻想を抱いているだけなら、「違った。現実はこうだった」と、一人で訂正していくことができます。

しかし、周囲に対して幻想ベースのアピールをしてしまうと、訂正するのは簡単ではありません。その結果、本当に「リアルには会えない」ということが起きるのです。好かれたいから良く見せたはずなのに、その人に会えないなんて、本末転倒です。

幻想ベースのアピールは、外見の問題に限らずなされます。

今の仕事について、家族の状況について、自分の子ども時代のことについて、住んでいる家について……などなど、つい現実より良く言いたくなるのが人間です。そして、口にしてしまったことの尻拭いに追われるわけです。

こうした「自分で自分の首を絞める」状況から解放されましょう。

なんだって、**ありのままを伝えるのが一番です**。それで困ることなど一つもないのですから。

もし、「あのとき、ちょっとウソを言っちゃった」と悩んでいることがあったら、それをそのまま正直に伝えればOKです。

同じようなことをみんなもしているのですから、誰も驚きはしないでしょう。

むしろ、素直に言ってくれたことに感動し、「実は私も……」と、正直ドミノが起きるかもしれません。

そんな人間関係なら、ラクチンで幸せだと思いませんか？

それを、あなたからつくってみましょう。

ありのままをそのまま伝えるのが一番

第5章

運と縁を呼び寄せる「命」の使い方

今というこのときを、「イイ気分」で過ごすこと

私たちはつい、過去を悔やんだり、未来を心配したりして、今という貴重な時間を台無しにします。

それでも、過去を変えることは不可能だから、「いつまでもぐじぐじ後悔してみたところで意味がない」ということはたいていの人がわかっています。

問題は未来です。未来のことを心配して今あれこれ悩むのは、「必要なこと」だと思っている人が多いのです。

たとえば、お金や健康について、今心配していることで、将来安心が得られると考えているかのようです。しかし、それは大きな勘違いです。心配してもしなくても、結果は

同じです。
こういう人は、いつも未来を心配しています。
二〇代の頃は三〇歳のことを。
三〇代になれば四〇歳のことを。
そして、八〇歳を迎えても九〇歳を心配しています。
つまり、死ぬまで心配ばかりの「今」という時間を過ごしてしまうのです。

まだ二〇歳であろうと、すでに八〇歳であろうと、私たちには今しかありません。
あなたが未来だと思っているものは、今の延長線上にあって、やはり、そのときには今なのです。要するに、私たちは、今を生きることしかできないし、過去も未来も持っていません。

そうした私たちにとって、最も大事なのは、今をイイ気分で過ごすことです。

その「イイ気分」は、たいそうなものである必要はありません。たいそうなものを求めるのは、理想という幻想に惑わされている証拠です。

一番いいのは「なんとなくイイ気分」でいること。なんとなくイイ気分の今を積み重ねていけたら、結果的に一〇年後もイイ気分でいられることでしょう。

一方で、未来をあれこれ心配していれば、今、イイ気分ではいられませんね。

それどころか、嫌な気分でいたら、一秒一秒嫌な気分が積み重なっていきます。そして、昨日までを振り返れば、嫌な気分が積み重なった、嫌な過去が残っていることになります。

このように、未来を心配していればいるほど、嫌な気分が積み重なった人生を送ることになってしまうのです。

さあ、これからは今を大事に、今を味わって生きていきましょう。

過去を悔やむのも、未来を心配するのもやめましょう。

いつも「なんとなくイイ気分」で、素晴らしい命の使い方をしてください。

「風の時代」という節目を楽しんでみる

古代ヨーロッパの占星術を基にした「四つの時代」という考え方があります。「水の時代」「火の時代」「地の時代」「風の時代」という四つの時代が、だいたい二〇〇年くらいの周期でグルグル回っているというものです。

実際に地球上の歴史を振り返ってみると、たしかに、その通りになっていることがわかります。

それぞれ最も近いところを挙げると、大航海時代が「水の時代」にあたります。続く「火の時代」に入って、ルネッサンスと宗教改革が起きます。

産業革命からの、物質的に豊かになって人々が不動産などを所有する時代が「地の時代」。日本におけるバブル景気もこのときに起きています。

そして今、**「風の時代」**へと移ったばかりのところです。


目に見える財産である土地や建物という不動産がもてはやされた「地の時代」と違って、**「風の時代」には目に見えないものが主役となります**。

すでに、生活においてもビジネスにおいてもネットのクラウドが不可欠だし、電子マネーや仮想通貨も当たり前になっています。私たちは、目に見えない存在を受け入れ、ともに歩み始めているのです。


それにしても、あなたも私も、なんと幸せなことでしょう。

「地の時代」と「風の時代」という、性格のまったく異なる二つの時代に生き、その変化を感じることができるのですから。まずは、それだけで「超、運がいい」と思っていいでしょう。

なお、仏教では、この四つの時代の要素をすべて支配している**「空（アカーシャ）」**という存在があると考えられています。

宇宙の隅々にまで広がっている虚空には、なにもないように見えるけれど、そこにはすべての情報が集まっているアカーシャがある。四つの時代がダイナミックに繰り返されているとはいえ、このアカーシャの下で動いているに過ぎないのだということです。

量子力学という難しい学問における「量子真空」が、まさにアカーシャ。はるか以前からこのことを喝破していた仏教に、ようやく量子力学が追いついたとも言えます。

さらに、密教ではこれに加え、「識」について教えています。

「識」は、さまざまなものをつくりだしている目に見えない人間の意識のことで、「八識」という八つの要素からなります。

「眼識」「耳識」「鼻識」「舌識」「身識」「意識」、ここまでで六つです。これらは、普段から使っている自分の中の感覚として、あなたもすぐに理解できたでしょう。

そうはいかないのが残りの二つ、「末那識《まなしき》」と「阿頼耶識《あらやしき》」です。

人間の奥底にある、無意識よりもさらに深いところにある無意識が「末那識」。それよりももっと奥の、宇宙と繋がっているような無意識が「阿頼耶識」です。

なんのことやらチンプンカンプンですよね？

「末那識」も「阿頼耶識」も、一般人が感じ取ることはできないものですが、これらこそが、実はすべてを支配していると考えられているのです。

宇宙図書館であるアカーシャというデータベースに情報は全部詰まっていて、すべてを支配しているのが末那識や阿頼耶識というものだとしたら、私たちは手も足も出ませんね。**どんな時代にあっても、宇宙のシナリオにおまかせするしかありません。**

つまり、ジタバタしてもどうにもならないのです。

大事なのは、「明らかに観極《みきわ》める」、つまり「あきらめる」ことなのです。

私の教え子の友人は、その話を聞いて怒り出したそうです。「冗談じゃないよ。それでは、自分で人生を切り開くことができないじゃないか。だったら生きることに意味がないじゃないか」と。

彼は、マイナスに読み解いてしまったのでしょう。

そうではないのです。私たちは、宇宙に守られた中で、流されていっているということです。**私たちが、自分の人生の脚本を生きている様子を、最高のシナリオに沿って宇宙はしっかり見守ってくれているのです**。いや、ほんとにそうなんですよ。

だから、途中でなにかネガティブなことがあっても、一切ジタバタする必要はありません。すべては、必要・必然・ベスト。

魔法のマントラ**「そうなんだ」**を口にして、悠然と構えて笑い飛ばして愉快に生きていきましょう。

二〇〇年に一度の節目にいるという
幸運を感じて生きよう

ちょっと丁寧に生きれば命が喜ぶ

還暦も近くなると、なんだかやたらと寂しい気分に襲われることがあります。きっと、「人生の現役まっただ中」からは外れた感じがするからでしょう。

四〇代までは、出世競争に巻き込まれたり、子育てに追われたり、家を買おうと頑張ったり……と、大変ではあるけれど「これからの人生を支える大きなプロジェクト」に取り組んでいました。

でも、ある頃から、そうしたプロジェクトが徐々に減っていきます。そして、気づいたときには、人生の大きなイベントはほとんどなくなっていて、「ああ、なんか、いろいろ終わったんだな」という気持ちになってしまうのかもしれません。

地方都市に暮らすある女性は、一人娘が就職して東京に出て以来、すっかり元気をなくしてしまいました。

それまでは、わがままばかりの娘をさまざまな側面から援助しており、「早く独立してくれ」と願っていました。そうすれば、経済的にも時間の面でも余裕ができるから、夫と二人で旅行や外食を楽しもうと思っていたのです。

ところが、いざそれが実現すると、まるで自分の存在意義が失われたようなむなしさに襲われてしまったそうです。

「子どもが独立したって、あなたには夫という存在がいるではありませんか」と慰めたくなりますが、子どもと夫は違いますよね。

なんといっても、子どもは若い。夫には、自分と同じかもっと短い時間しかありませんが、子どもは「これから」です。その「これから」が離れてしまったことで、彼女は大きな喪失感に打ちのめされているわけです。

こういうことは、子どもを持つ親にはよくあります。

子どもの世話をしているうちは、あたかもその将来を共有しているかのような気持ちでいられるけれど、**実際は、子どもの将来は自分の将来ではない**。そのことに気づいたときには、すでに自分の時間はかなり短くなっているのです。

しかも、自分の残り時間で求められることは、子どものそれとは違ってきわめて地味なことが多いから、もの足りないようなむなしい気分にもなるわけです。

でも、それって素晴らしいことではありませんか。

なにが素晴らしいって、宇宙のシナリオに乗って（自分ではそういう意識はなかったとしても）これまでやってきたことが素晴らしい。

さらに素晴らしいのは、**これからは丁寧に生きていけるということです**。

私自身、思い出してみても、若い頃はかなり雑に生きていました。実際に仕事が忙しかったこともあり、そのときに自分がやっていることに対して、細かな思いを巡らせることができずにいました。

たとえば、ランチタイム一つとっても、お店の人に「一番早く出していただけるものをください」などと頼むこともしょっちゅうでした。それを一五分ほどで掻き込んで、「ごちそうさま」と次の仕事に向かうこともありました。

あの頃は、それで良かったのでしょう。でも、今は違います。生活の小さなことをとても大切に過ごしています。

先日は、近所に新しくできた和食の店でゆっくり昼食を摂りました。ちょうど旬の季節だったので、サンマの定食を注文。お盆に乗って運ばれてきた定食に、私はしばし見とれてしまいました。

「この子はどこの海を泳いでいたんだろう」

「ご飯もピカピカ光っている。上手に炊いているんだなあ」

そして、心からの感謝を込めて「いただきます」を口にすることができました。

食べている間も、いろいろなことが頭をよぎりました。

「このサンマ、どんな漁師が獲ったのかなあ」

「それを早朝の市場で競り落とした人がいるんだな」

「深夜のトラックで運ばれてきたのかもしれないな」


会ったこともないいろいろな人の力があって、私が口にできている。

そして、それまで悠々と海を泳いでいたはずのサンマくんが、今度は私の体の中に入ってたくさんの栄養を与えてくれている。

そうしたことを考えながら、一口一口を大切にいただきました。


お散歩しながら木々の緑をじっくり眺める。

干した洗濯物を取り込んでお日様の匂いを感じる。

使ったグラスを洗ってピカピカに磨き上げる。

しばらく会っていない友人にハガキを出してみる。

時間をかけて少しずつ断捨離にトライしてみる。

こうして、**丁寧な日々を送ることができるのが、大きなプロジェクトを終えた人生後半の、なにものにも代えがたい魅力です。**

勤め人にしろ、家事を頑張っている主婦にしろ、「生活」より「仕事」の割合が高かったのが人生前半。その構図を逆転できるのが人生後半です。そして、生活こそが「生きる」ということなのです。

もちろん、働き盛りの頃に仕事優先で生きていたのも、すべて生活のためです。ただ、あくまで経済的なことが主題で、実際に生活の細部を楽しむことはなかなかできなかったはずです。それをこれから、心ゆくまで味わっていきましょう。

何事も丁寧に、一瞬一瞬を慈しむ

新しいものも古いものもどちらも面白がろう

受容派か拒否派か……。私の年代になると、「新しいもの」に対する考え方が、人によって大きく二つに分かれます。

私は超がつく受容派で、なんでもすぐに飛びつきます。携帯電話やパソコンはもちろん、スマホもタブレットも、ごく初期の段階から使いこなしています。

もちろん、話題のアプリはすぐにインストール。ちょっと使って飽きてしまうものもたくさんありますが、それでいいのです。

そんな私とは逆に、「新しいものすなわち悪」と言い出しそうな人もいます。

リモート会議は便利なのに、「人には直接会ってなんぼだろう」。スマホのゲームは楽しいですが、「そんなものやっていると頭が悪くなるぞ」。ましてや、電子マネーや電子チケットなど「信用ならん」というわけです。

彼らがそこまで抵抗する理由の一つが、「人間が機械に振り回されたくない」というもの。私の同級生の一人は、メニューのＱＲコードをスマホで読み取って注文するタイプの居酒屋に入ってしまい、「スマホがないと酒も飲めないのか」とプリプリ怒って注文せずに出てきたそうです。

これ、今はまだ笑い話で済みますが、今後さまざまな場で「スマホを使うこと」を前提としたサービスが増えていくことは明らかです。そのときに、怒っているだけでいいのでしょうか。

私なら、楽しんで参加するほうを選びます。

もちろん、伝統的なやり方にも従いますし、大事にしていくつもりです。

私の行きつけの和食店に、「予約は電話のみでネットではできない」というところがあります。その日、どんなメニューを用意するかについて、お客さまといろいろ相談したいからだそうです。

実際に、会食のメンツや目的によって細かく気遣いをしてくれるので、誰を連れて行ってもとても喜ばれます。繁盛店ゆえ、なかなか電話が繋がらずに大変ですが、その手間もまた楽しみのうちと考えています。

要するに、**デジタルもアナログもどっちもいいのです。どちらかを選ぼうとすること自体が無意味**。両方できるハイブリッド思考の人が、人生を倍楽しめます。

私たちは、まさに、デジタル・アナログ両方が花盛りの世界に生きています。この幸運をもっともっと享受しましょう。

ＬＩＮＥの短いメッセージやスタンプも楽しいし、ときには万年筆でしたためた手紙を出せば感動してもらえるでしょう。なによりも、その時間をあなた自身が楽しめるのです。
それができるのは、この時代を生きるあなたや私の世代ならではです。

デジタル、アナログのどちらかを選ぼうとする二項対立は無意味。ハイブリッドで人生を楽しもう!

ものもお金も「堰き止めない」。お金はグルグル回そう

ビールが好きな人は、「つぎ足し」されるのを嫌がります。

まだ、たくさん残っているところにつぎ足すと、たしかに、グラスは満たされるけれど、中身は美味しくなくなってしまうからです。

それよりも、飲み干してすっかり空になったグラスに、また新たに満々とついでいけば、泡もきれいにたって美味しいということを、彼らはよく知っています。

ビールに限ったことではありませんが、**新鮮でいいものを入れたいなら、今持っているものをどんどん手放し、両手を空っぽにする必要があります**。

両手を空にして待っていれば、情報もお金もどんどん回ってきます。それをしっか

りキャッチしたら、また手放して両手を空にします。すると、さらに新鮮でいいものが回ってきます。

これが、最高に楽しい人生を送るコツです。

「お金は天下の回りもの」という言葉がありますね。

お金というのは、社会を動かすツールに過ぎません。だから、**どんどん回すのが社会を動かすために一番いいのであって、堰き止めてしまうのは最悪です**。

貯金なんかたくさんなくても、お金を回せる人が素晴らしい。逆に、自分の手元に貯め込んでおいて、「私は金持ちだ」と思っている人はちょっぴり哀れです。

三億円の貯金がある人は、「自分は三億円持っている」と思っているでしょうが、一時的に三億円がそこにあるだけで、その人のものではありません。

「いやいや、俺しかおろせないんだから俺のものだ」と言うかもしれませんが、Xデーを迎えた後はどうしますか？

つまり、その人は「死ぬまで三億円預かっていた」だけなのです。だったら、手元に貯め込まず、どんどん回したほうがいいでしょう。

私たちはよく「もったいない」という言葉を使います。そこには、「物を粗末にしない」という意味が込められています。

もちろん、それ自体はいいことです。お茶碗についた米粒は最後の一粒まで美味しくいただいたり、サイズが合わなくなった服をバザーに出し、誰かが着てくれたりしたら嬉しいですよね。

しかし、それは、自分の手元で堰き止めることではありません。堰き止めるなんてもったいないから、どんどん回して循環させていいのです。

ましてや、お金を堰き止めるのはやってはいけないこと。それは、天下の回りものとしてのお金を、粗末にしていることにほかなりません。**社会にとってのお金とは、人にとっての血液と同じです**。

社会をいきいきと動かすための重要なツールとして世の中に出されたお金は、どんどん回されなくてはもったいない。誰か一部の人の手元に堰き止められるなんて、せっかくのお金が本来の役割をまっとうしていない本当にもったいない話なのです。

自分の人生を運や縁に恵まれたものにしたかったら、お金はどんどん回しましょう。

自分や相手の命が喜ぶことに、お金をどんどん使いましょう。

もちろん、借金まみれになってはダメですよ。自分が手にしたお金のうち、使っていい範囲の金額を喜んで使うことで、社会にとっての血液であるお金を循環させてあげましょう。

今持っているものを
手放さないと、
新しいモノゴトは受け取れない

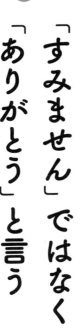

「すみません」ではなく「ありがとう」と言う

なんとなくイイ気分でいるために、おすすめなのが「感謝」の習慣を持つことです。なにかに感謝しているときに、不愉快な気分でいることはまず不可能です。普段から、意識的に感謝することで、あなたの人生は変わっていきます。どんな小さなことでもいいので、どんどん感謝の気持ちを伝えましょう。

「ありがとう」

「ありがとうございます」

「感謝しています」

こうした言葉を、たとえば一日一〇回使ってみると決めて実行しましょう。最初はちょっと恥ずかしくても、思い切って口にしたら、あなたはとてもイイ気分になります。受けた人はもっとイイ気分になってくれますから、あなたを取り巻く空間がとてもいい気に満たされます。

一日の終わりに**「感謝ノート」**をつけるのもいいですね。

その日、口にした感謝の言葉と、そのシチュエーションを思い出し、簡単にメモをしましょう。思い出す作業を通し、そこでまた感謝の気持ちが蘇ります。一日一〇回、感謝の言葉を口にしていたら、その倍の二〇回、イイ気分を味わえることになります。

そして、ときどき読み返してみましょう。

感謝ノートは、コンパクトな手帳サイズにして持ち運ぶのもいい方法です。なにか不快なことがあったとき、イラッとしたときなどに読み返せば、ネガティブな気持ちが不思議とすっと収まります。

もちろん、手帳そのものに書き込んでもいいし、スマホのメモ機能を利用してもOKです。

感謝の習慣を持つ上で注意してほしいのが、言葉を間違えないこと。

先日、コンビニで買い物をしていたら、レジの前にいた若い女性が、商品を袋に入れて渡してくれた店員さんに「すみません」と言っていました。謝ることなどなにもしていませんでしたから、たぶん、「ありがとう」の代わりに使っているんですね。

こういう人、結構います。

道を譲ってくれた人に「すみません」。

落とし物を拾ってくれた人に「すみません」。

宅配便で荷物を届けてくれた人に「すみません」。

なんだか、謝ってばかりですね。これ、全部「ありがとうございます」に換えましょう。**「すみません」は感謝の言葉ではありません**。

もちろん、「すみません」を素直に口にできるのはいいことです。しかし、普段から感謝の言葉の代わりに使っていると、本当に謝らなければならないときに、その気持ちが込めにくくなってしまいます。だって、その人にとって「ありがとう」と同義なんですから。

電車の中で足を踏んでしまった相手に、慌てて「すみません（ごめんなさい）」と言ったつもりが、それが自分の中では「すみません（ありがとう）」だったなんて、おかしな話ですよね。


むしろ、お願い事をするときにこそ、感謝の言葉を使ってみることをすすめます。

あなたが、初詣などのお参りをしたとき、心の中でなんと言いますか？

たぶん、「○○しますように」というものでしょう。

「少しでも給料が上がりますように」

「息子の受験がうまくいきますように」

「心を割って話せる友人と知り合えますように」

こうしたことを願っているとき、「それはまだ手に入っていない」のであって、「不満である」と告白しているようなもの。愚痴をこぼしているに等しいのです。

当然、なんとなくイイ気分ではいないから、なかなか運も巡ってこない。つまり、そのお願い事は叶わないことが多くなります。

そのときは、現在進行形の言い方で、最初に感謝してしまうのが一番です。

「お金を稼ぐことができています。ありがとうございます」
「息子が頑張ってくれています。ありがとうございます」
「いい人たちに恵まれています。ありがとうございます」

こうして感謝から入ると、そもそもの運気がいいものになるから、願っている以上の結果に繋がりやすいのです。その満足感から、さらなる感謝が生まれて、もっと運気が上がり……というプラスのスパイラルが生まれます。

しかし、多くの人は「まず満足させてくれよ。そうしたら感謝するから」というスタンスでいます。だから、願い事（要求）ばかりで、感謝の言葉は出てきません。そして、いつまで経っても満足できず感謝もできないという負のスパイラルに陥ってしまうのです。

先に感謝する。

小さなことに感謝する。

この二つのゴールデンルールを守っていくと、私たちの日々は感謝だらけになります。

「まず満足させてくれなくちゃ感謝なんてできない」とか、「よほど大きなことでなくちゃ感謝なんてできない」なんて言っている人たちとは比べものにならない輝きを放つ、大満足の人生を送れますよ。

まさに、大感謝で大満足ですね。

大感謝で大満足がやってくる

Xデーはフィナーレ。こわがる必要なんてない

仏壇には、亡くなったご先祖の位牌が置かれていますね。そして、そうしたご先祖を私たちは「仏様」と言います。私たちは、死ぬと仏となるわけです。

この「仏」、実は「ほどける」という言葉から来ています。なにがほどけるのかといったら、縛りです。つまり、あらゆる縛りが解け、自由になれるのが「死」というものなのです。

生きているうちは、仕事のこと、お金のこと、家族のこと、健康のこと……、いろいろ悩みが尽きません。そうした内なる悩みはもちろんのこと、外の人間関係や社会のルールにも縛られています。

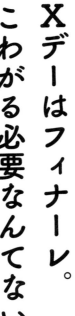

ところが、死んでしまえばそんな縛りはない。まさに、自由の極致です。加えて、死ぬときには理想なんていうものからも完全に解放されるから、現実との差がすっかり取れます。実は、**差が取れるから差取り（悟り）なんです**。究極の悟りを得て、仏となっていくわけです。

なんだか、ワクワクしませんか？

私たちは誰でも必ず死を迎えます。どんな人の宇宙のシナリオにも、そのXデーは示されています。比較的早めに来る人も、遅めに来る人もいますが、間違いなくあなたにも私にもXデーが設定されています。

このXデーについて、不吉なものとして捉えている人が圧倒的ですが、私はとても楽しみにしています。それは、**その日まで生きてきた私に対する、卒業という最高のギフトとして用意されたものだと思うからです**。

これまで何度か述べてきたように、私たち一人ひとりは、最高の形で描かれた宇宙のシナリオに沿って生きています。それを締めくくるXデーが、とんでもなく素晴らしいものであることは疑いようがありません。

だから、死をこわがる必要なんて一つもない。ましてや、Xデーがいつなのかについて、思い悩むことなどないのです。

その日は、宇宙のシナリオに描かれたままにやってきます。**それまで私たちは、日々を味わって人生という遊行《ゆぎょう》を楽しんでいくだけでいいのです。**

そのためにも、ある程度の年齢になったら、「未来に帰る」という感覚を持つといいかもしれません。

若いうちは、未来とは「向かうもの」だったはずです。二〇歳なら三〇歳は、三〇歳なら四〇歳は未来だったし、そこに向かっていろいろ頑張ってきたことでしょう。言ってみれば、未来への「進路」を進んできたわけです。

でも、五〇歳にとっての六〇歳、六〇歳にとっての七〇歳は、進路というよりも未来への「帰路」を示す道標です。そして、その道程は決して寂しいものではなく、Xデーという自由の極致への遊歩道であり、マイルストーンなのです。

その遊歩道を、なんの憂いもなく自由に、そして愉快に歩いて行きましょう。

その日まで生きてきた最高のギフトがXデー

#「命が喜ぶこと」を一つでも多くしよう

私たちは宇宙のシナリオに従い、ある時期には未来に向かい、やがて未来に帰っていって、素晴らしいXデーを迎えます。

そうした人生において、**私たちの使命とも言うべき最重要事項は「命が喜ぶことをする」というものです**。先々のことを心配したり、人と比較して不足感を抱いたりするのではなく、命が喜ぶことにチャレンジしましょう。

あなたの命が喜ぶことに、「大小」や「優劣」はありません。大きなチャレンジだろうが小さなチャレンジだろうが、かっこいいチャレンジだろうが泥臭いチャレンジだろうが、命が喜ぶことに変わりはないのです。

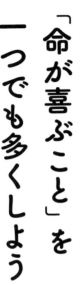

だから、年をとって派手なことができなくなったから寂しいなんていうのは間違いで、**むしろ、多くの人が見過ごしてしまうような些細なことで命が喜べるようになった自分を愛しましょう。**

「私にとって、命が喜ぶことってなんだろう？」

この疑問に対してのあなたの答えを出すために、紙に書き出してみましょう。漠然と頭の中で考えているだけでは、「間違ってつくりだした理想の自分が喜ぶこと」などを想定してしまい、「本当の自分の命が喜ぶこと」にはなかなか行き当たりません。

書き出すときに、私がおすすめするのが「九マスメモ」です。

九マスメモは今、多くの人たちが活用を試みていますが、たいていが「目標を達成するためのツール」として使われています。なにしろ、**あの大谷翔平選手が、高校時代から九マスメモで自分のやるべきことを分析し、それを実現して今の地位を確立したのです**から、やはり九マスメモが目標達成や夢実現に絶大な効果を持つことは間違いありません。

ただ、ここでは、もっとのんきなスタンスでいきましょう。あまり力まないで、自分の心の声に素直に耳を傾けてください。

まずは、九マスの真ん中に、「命が喜ぶこと」と書き入れましょう。その上で、「全身の細胞が活性化し、命が喜び光り輝くのはどういうとき?」と自分に質問してみましょう。

そして、思い浮かんだことをマスの中に書いていきます。八つのマスが埋まるまで続けましょう。もちろん、訂正OKです。

いろいろ迷いながら、自分のホンネと対話

●私がおすすめする九マスメモ

近所を散歩	温泉旅行	スキー
読書する	命が喜ぶこと	夕方にビールを飲む
飼っている文鳥と遊ぶ	オペラ鑑賞	親友とおしゃべり

思い浮かんだことをマスの中に書いてゆく。力まず、のんきなスタンスで、自分のホンネと会話しながら楽しく埋めていくのがコツ。

しながら楽しく愉快にメモしてみてください。

私の場合、一つのマスに「パワーリフティング」が入ります。プルプル震えながら重いバーベルを持ち上げる、あのパワーリフティングです。意外でしょう？

実は私、学生の頃は放課後のクラブは文芸部という文化系人間でした。そんな私が、この年になって、スポーツジムのインストラクターにすすめられるままにバーベルを持ち上げてみたら、なんともいえないすごくイイ気分。まさに、命が喜んでいるのがわかりました。

それからすっかりはまってしまい、なんと六五歳にして初めて、選手登録して大会に参加したりもしました（東京大会六位入賞）。

若い頃の友人が聞いたら、「佐藤がパワーリフティング？」と大笑いするかもしれません。でも、今の私にとって、とても大事な趣味の一つなんです。

仕事仲間の女性にもお願いしたら、「スキー」「夕方にビールを飲む」「親友とおしゃべりする」「温泉旅行」「オペラ鑑賞」「近所を散歩」「読書」「飼っている文鳥と遊ぶ」の八つを正直に書いてくれました。

スキーや温泉旅行、オペラはそれなりにお金がかかるので、たまのご褒美的に。散歩や読書、文鳥のお相手は、ほとんど毎日欠かすことなく楽しんでいるとのことでした。このように、規模や種類はバラバラでいいのです。

ちなみに、彼女の八つのマスには、仕事関係のことは一つも入っていません。

私も同様で、パワーリフティングのほかは、「自分でたてたお茶を味わう」など、ごく私的なものばかりです。

八つのマスのどこかに、仕事がらみのものが入っていたら、ちょっと注意が必要かもしれません。たとえば、「ゴルフ」と書いた人。それは仕事の延長ではありませんか？

もし、本当に大好きな趣味だとしたら、会社を辞めても楽しめるか考えてみましょう。もしかしたら、グリーンを回る仲間が揃わなかったりして、できなくなるかもしれません。**自分の細胞が喜ぶような、嬉しいことだけを追求していきましょう。**

一方で、命が喜ぶこととして、一人でできるものや、簡単にできるシンプルなものを多く挙げられた人は本当に幸せです。その人の命は、いつでもどこでも年がら年中、キラキラと喜び輝いていられるのですから。

九マスメモを埋めてみて、命が喜ぶことをしよう

読むだけで幸せになれる

運を引き寄せる生き方

2023年11月20日　第1刷発行

著者　佐藤伝

発行者　鈴木勝彦
発行所　株式会社プレジデント社
〒102-8641
東京都千代田区平河町2-16-1 平河町森タワー13F
https://www.president.co.jp/
https://presidentstore.jp/
電話 03-3237-3731（販売）

装丁　小口翔平＋後藤 司（tobufune）
本文デザイン　木村友彦
写真　Shutterstock
編集協力　中村富美枝

販売　高橋 徹　川井田美景　森田 巌
末吉秀樹　庄司俊昭　大井重儀
編集　石塚明夫
制作　関 結香
印刷・製本　中央精版印刷株式会社

ISBN 978-4-8334-4056-1
Printed in Japan
落丁・乱丁本はお取り替えいたします。